技术创新理论与实践

主　编　王晓进
副主编　陈小圻
参　编　叶　芳　周　弢　石　军

北京理工大学出版社
BEIJING INSTITUTE OF TECHNOLOGY PRESS

内 容 简 介

本书从不同角度讲述了技术创新的理论、方法和实践,介绍了发明、创新、创造、创意、专利的概念,以及它们在日常生活中的运用。本书理论体系完整,采用了大量的发明作品来讲解发明的技术领域、内容方案等,可作为高等院校的通识类课程教材,也可供技术创新理论工作者、政府经济和科技部门的管理人员、政策研究人员、企业高级管理人员及从事技术创新活动的科技人员阅读。

版权专有　侵权必究

图书在版编目（CIP）数据

技术创新理论与实践／王晓进主编. —北京：北京理工大学出版社,2020.8
ISBN 978-7-5682-8828-6

Ⅰ. ①技… Ⅱ. ①王… Ⅲ. ①技术革新-高等学校-教材 Ⅳ. ①F062.4

中国版本图书馆 CIP 数据核字（2020）第 142936 号

出版发行 /	北京理工大学出版社有限责任公司
社　　址 /	北京市海淀区中关村南大街 5 号
邮　　编 /	100081
电　　话 /	(010) 68914775（总编室）
	(010) 82562903（教材售后服务热线）
	(010) 68948351（其他图书服务热线）
网　　址 /	http://www.bitpress.com.cn
经　　销 /	全国各地新华书店
印　　刷 /	唐山富达印务有限公司
开　　本 /	710 毫米×1000 毫米　1/16
印　　张 /	10.5
字　　数 /	199 千字
版　　次 /	2020 年 8 月第 1 版　2020 年 8 月第 1 次印刷
定　　价 /	39.80 元

责任编辑／高　芳
文案编辑／赵　轩
责任校对／刘亚男
责任印制／李志强

图书出现印装质量问题,请拨打售后服务热线,本社负责调换

序　言

　　哈佛大学商学院教授波特（Michael E. Porter）在其代表作《国家竞争优势》(*The Competitive Advantage of Nations*) 中提出，后发国家参与国际竞争有三个阶段。

　　第一个阶段为要素驱动阶段。要素就是产业资源，包括先天拥有的自然资源和地理位置等初级要素，如土地和劳动力等；通过社会、个人投资而发展创造的高级要素，如知识、资本、基础设施。高级要素远比初级要素重要。20 世纪 70 年代末，我国开始对外开放，当时城市人均月工资 400 元左右，农民一年只有 600~700 元收入，主要方式是出口原材料、初级产品和劳动力。依靠生产要素和政府政策，20 世纪 90 年代开始建设开发区，主要方式是利用廉价的原材料、劳动力和土地。

　　第二个阶段为投资驱动阶段。政府出面大力开展招商引资引智活动，引进世界 500 强企业，打造国内现代化，进行基础设施建设。

　　过去 30 年，我国基本上走完了这两个阶段，进入了第三个发展阶段。由于市场变化，企业越来越依赖科技，靠创新驱动，跨界发展，开始重新确立各自在市场上的地位。由于资源整合、团队合作，大量个体经营者即将消失。过去成功的经验变成失败的教训，网络加直销，迫使市场生态重建。世界 500 强的企业柯达，在 1991 年，技术还领先同行 10 年，2012 年 1 月申请破产，被数码技术取代了；当索尼还沉浸在数码的领先喜悦中时，突然发现，卖得最好的是能照相的手机诺基亚；之后不久，苹果又逼得诺基亚没有还手之力，2013 年 9 月，诺基亚被微软收购了；360 的出现，使杀毒变成免费服务，淘汰了金山毒霸；淘宝 2012 年销售额一万亿，逼迫苏宁、国美这些传统零售巨头不得不转型，李宁服装关掉了全国 1 800 多家专卖店，沃尔玛也难以招架；马云"菜鸟"行动成功，如果 24 小时内全国到货的梦想实现，那么零售巨头只好连夜改行。

· 1 ·

这是一个创新驱动、跨界发展的时代，每一个行业都在整合、交叉、渗透。如果原来一直获利的产品或服务，在竞争者手里突然变成免费的，就会无法生存。所以我国的经济发展必须进入第三个阶段，也就是创新驱动阶段。经济发展必须另觅新路，更多地依靠人力资本集约投入、科技创新拉动，迈向质量提升型的发展新阶段。

凡是能够进入创新驱动的后发国家和地区的经济都上升了。我国台湾地区，原来生产折叠式伞，从20世纪七八十年代开始，产业转型，大量集中专业技术生产基材半导体晶体圆片，台湾地区的"晶圆代工"，供应全世界，现在占全世界2/3的晶圆市场。韩国上升也靠信息产业，三星异军突起，带动了韩国整个产业。三星生产手机、电视机、计算机"三机合一"的新产品，当时摩托罗拉、诺基亚、爱立信都认为这是不可能的，老百姓不需要这样太专业化的产品。三星下定决心，举全国之力，成功了，全在于创新、创造与发明，在于高科技。其实，一切高科技（产品）到最后几乎都成了数学或数字技术在芯片（硅片或光片）上的固化。

创新、创造与发明的概念，应有区别，学术界众说纷纭，至今无法取得一致的看法。这是一个十分重要的课题，我个人认为，科学的目的是认识世界，方法是创造（Creation），成果主要是新知识，是将财富转换成知识；技术的目的是改造世界，方法是发明（Invention），成果主要是新产品，是将知识转换成产品；经济的目的是富裕世界，方法是创新（Innovation），成果主要是新财富，是将产品转换成财富。

创新、创造与发明都强调首创——独一无二；强调新颖——与众不同；强调高进——高升进步。公认创新是一种经济概念，是一种经济发展观，其内涵是高度重视技术变革在经济发展中的作用。它是经济和科技甚至包括教育、文化等的有机结合，不是一个纯粹科技范畴内的概念。

武汉发明协会成立25年来，作为社会公益组织，以"发明源自生活、创新成就未来"为主题，营造全民创新的氛围，鼓励民间进行发明创新活动，发掘源于生活、高于生活、应用于生活的发明创造，促进发明成果服务于百姓，精心组织广大热爱发明、致力于发明的社会各界人士参与，积极倡导广大市民充分发扬"敢为人先、追求卓越"的武汉精神。感谢王晓进、周弢、石军精心收集案例、点评分析引导、启迪智慧灵感，编成这本通识课本，引导人们以发明创新为生活方式，从身边小事做起，不断提升自身生活幸福指数，这对于鼓励全民发明创造和创新，将会起到不可多得的启迪、助推作用。

希望本书的出版能使更多人积极参加创新、创造与发明，成为发明创新大赛的优胜者，得到各种专利，为武汉、为国家的发明创造和创新，为国家经济的持续发展，为科学技术文明和道德文化的提高，不断作出新贡献！

郭友中

前 言

《国家中长期教育改革和发展规划纲要（2010—2020年）》颁布以来，国家组织开展教育改革试点，各高校在深化改革方面进行了有益探索，取得了显著成效。比如，改革人才培养模式，提高高等教育人才培养质量；改革高等教育管理方式，建设现代大学制度；改革高等学校办学模式，使之适应经济社会发展需求，等等。这些尝试和探索，为今后的改革积累了宝贵经验、奠定了坚实基础。全面深化改革，就是要在此基础上总结新经验、发现新问题、应对新挑战。

中国当前急缺的人才是创造性人才和创意性人才，是能在改造自然和社会的活动中发明创造的人才。他们是普通人群中的特殊群体，是在经济、文化、艺术等领域具有创意的人才，是推动未来经济发展、建立创新型国家的主力军。

本书为通识课教材，以真实的新闻事件和大学生发明的作品为主要线索，帮助学生捕捉生活中的灵感，通过实例解剖、点评、分析、引导，向广大高校学生、企业员工、发明爱好者或初学者介绍发掘灵感、捕捉灵感的方法。通过创意方法灵活运用的成功实例和失败实例，特别是在作品创新亮点的基础上拓展再创新思路，引导其用创新创意的方法去解决学习和生活中的问题，提高其创新创意的能力。

本书列举的实例均为原创作品，发明作品实例都已申请中国专利，请再创作者避免抄袭和雷同，如发生知识产权和著作权纠纷，可依法追究，特此说明。

本书由武汉大学王晓进老师任主编，负责编写大纲并进行统稿。具体分工为：

王晓进编写第1章、第2章、第5章、第6章；陈小圻编写第3章；叶芳、周弢、石军共同编写第4章。由于编写时间有限，书中难免有不足之处，敬请广大读者批评指正。

编　者
2020年5月

目 录

第1章 发 明 ……………………………………………… (1)
  1.1 发明是做梦吗 …………………………………………… (1)
  1.2 发明的含义 ……………………………………………… (7)
  1.3 发明的种类及关系 ……………………………………… (9)
  1.4 人为什么要发明 ………………………………………… (11)
  1.5 发明创造的级别划分 …………………………………… (15)
  1.6 发明作品实例 …………………………………………… (17)

第2章 发明方法 ………………………………………… (31)
  2.1 发明方法概述 …………………………………………… (31)
  2.2 发明的方式方法及发明活动心理过程 ………………… (33)
  2.3 常用的发明方法 ………………………………………… (35)
  2.4 发明作品实例 …………………………………………… (64)

第3章 创 新 ……………………………………………… (77)
  3.1 创新概述 ………………………………………………… (77)
  3.2 创新的主要表现形式和特性 …………………………… (80)
  3.3 为什么要创新 …………………………………………… (82)
  3.4 中国企业的创新 ………………………………………… (83)

3.5 创新作品实例 ……………………………………………… (85)

第4章 创 造 ……………………………………………… (92)

4.1 创造概述 …………………………………………………… (92)
4.2 创造的作用及效果 ………………………………………… (93)
4.3 创造实现梦想 ……………………………………………… (94)
4.4 创造力的培养 ……………………………………………… (96)
4.5 创造作品实例 ……………………………………………… (99)

第5章 创 意 ……………………………………………… (103)

5.1 创意概述 …………………………………………………… (103)
5.2 创意在企业管理中的运用 ………………………………… (105)
5.3 创意作品实例 ……………………………………………… (106)

第6章 专 利 ……………………………………………… (123)

6.1 专利概述 …………………………………………………… (123)
6.2 申请专利的要求 …………………………………………… (126)
6.3 申请专利的注意事项 ……………………………………… (127)
6.4 正确撰写专利申请文件 …………………………………… (128)
6.5 专利作品实例 ……………………………………………… (139)

参考文献 ……………………………………………………… (158)

第1章

发 明

1.1 发明是做梦吗

1.1.1 人类的文明史与发明

1. 发明的推动力

每一个时代的技术发明都与当时的社会生产力和科学技术水平密切相关,并且取决于发明者的素质、能力和思维方式。社会的进步及生活需求的不断增长会时时提出新的技术奋斗目标,使原有的技术及手段与新的技术目标之间产生矛盾,从而推动和促进新的发明诞生。

在日常的技术活动中,知识和经验的积累、综合,也会导致创新的技术构想和新的发明产生,新的技术成果又能引发新的需求产生,且有助于新发明的推广及应用。发明就是创造性的脑力劳动,而新的技术方案或成果往往还需要经过几十次乃至几百次的试验、论证、改进,要克服许多困难和挫折才能形成新产品。

发明不但要付出精力和金钱,还要不惧困难、勇于献身,还需努力学习、坚忍不拔;不但要刻苦钻研和勤于实践,还需团结一心、包容新意。这些都是发明者的基本素质。有时候,新的技术构思的产生,是以深刻理解已有技术的机制和洞察其问题为前提的,而深刻的理解和洞察取决于充实的知识背景和技术的同步提升。

随着技术发明难度的增大,技术发明对知识的需求程度也越来越高,不仅要有一般的专业知识、跨专业知识，还要有雄厚的基础科学理论知识和数学知识。发明就是要标新立异，甚至异想天开，把看似不可能的事转化为现实，而不拘泥于陈规。而创造性思维能力的发挥，在酝酿形成新设想的过程中有重要的意义。

2. 人类的文明史首先是一部发明创造史

人类以劳动技能和智慧为基础，以生产活动为目的，所以有了打制石器、人工取火的发明和应用，然后才开始了人类的物质生产和社会生活的历史。技术的变革和进步促进了生产力和人们生活水平的提高，并撰写了社会历史。

古代社会的进步依赖于磨制石器、冶铜炼铁、制陶晒砖和养蚕织丝等发明。

18 世纪的产业革命，源于新的纺织机、蒸汽机的发明及电子计算机和一系列的现代发明，从根本上改变了人们的劳动方式、生活状况。

下面通过发明实例来说明发明是"梦"还是"误"，是"思"还是"疯"。

（1）整形手术。

整形手术是最古老的外科手术中的一种，鼻子再造手术可能早在公元前 2000 年的古印度就已存在。当时，切断鼻子是一种惩罚形式，后来人们发明了一种使用前额的一部分进行鼻子整形的方法，至今仍然适用。

（2）白内障手术。

白内障手术的最早记录出自《圣经》和印度史料。在印度，进行白内障手术要使用一种特殊工具，这是一种用来松开晶状体并推出白内障的弯曲的针。

（3）中央取暖系统。

大约在公元前 1000 年，古罗马的一些城市就开始使用中央取暖系统。通过地板下的空间传导炉子加热的空气，从墙内的管子出来。

（4）透镜。

尼姆鲁德透镜是追溯至 3000 年前的一块无色水晶，是奥斯汀·亨利·莱亚德在尼姆鲁德的亚述宫殿发现的，可能是被用作放大镜或者是通过聚集阳光而取火的取火镜。当时的民间艺人能制作复杂的版画，他们也可能在工作中使用这种透镜，如投影方法。

（5）度量衡。

科学家对印度河遗址的考古显示，印度河流域的居民发明了一种使用度量衡的高级标准化系统，直接使用于角度测量和建筑测量。

（6）香水。

有记录的世界上第一位药剂师是一个叫塔普蒂的女人。据来自美索不达米亚公元前 2000 年的楔形文字记载，塔普蒂是一名香水制作者，她把花、油和蒲根进行蒸馏，然后过滤，再数次放回蒸馏器进行蒸馏，从而提炼出香水。

（7）溜冰鞋。

研究发现，溜冰鞋是由芬兰人发明的。5 000年前，他们使用动物骨骼制作了最早的溜冰鞋。溜冰鞋对芬兰人很重要，可以帮他们在严冬的时候节省能量。

（8）地下管道。

使用沥青预防渗漏的有着宽边缘的标准陶瓷管出现在公元前约2000年的印度河流域。地下管道设备源自希腊、罗马、波斯（伊朗的旧称）、印度和中国等，因为人们要建造公共浴室，需要提供饮用水并排出废水，所以设计了这类管道。

（9）胶合板。

胶合板已有数千年的历史，最早的胶合板出现在公元前约3500年的古埃及，当时人们把锯好的木板交叉粘在一起。最初是因为缺乏优质木材而萌生如此创意。把优质木板粘在劣质木板上，既是为了美观，也是出于结构牢固的考虑。

1.1.2 发明不是梦，却有人用发明追梦

发明其实并不高深，一项小改进、一个小玩意儿都可能是一个发明。别人没有的，而你能做出来的都可以称为发明。在中国，每年都有许多项发明产生，而发明者大都是一些平凡又普通的人。

★案例1

普通的发明人

侯圣春是山东的一名普通农民，在10年的时间里靠不懈的刻苦钻研，先后研发出"新型摩托车爆胎助力器""可移动紧急救生房""决口封堵水袋""干鞋架"等，获得186项国家授权发明专利。

武汉市下岗工人张五一自2008年开始研制"潜艇"，历经数次失败，制造出几艘"民用潜艇"。他的"潜艇"可下潜50米到100米水深，主要用于海水养殖等水下作业，可替代潜水员进行水下作业。

江西新余市渝水区严家村的农民严志谋，2010年成功研发出一种用柴草、秸秆、垃圾、布头、废纸等废弃物为燃料、能瞬间产生优质燃气的燃气炉，可替代以煤炭、煤气、液化气、沼气为燃料的传统灶炉，获得"使用方便、高效节能气化燃气炉""可除焦油、燃烧效果好的气化燃气炉灶头"等4项国家授权发明专利。

青岛农业大学计算机科学与技术专业2009级学生刘园，大学三年级就已完成5项发明创造。针对堵车这一世界性难题，她发明了"十字路口钢结构活动式立交桥"。该发明克服了用红绿灯从时间上分散车流的不足，创造了从空间上分散车

流、人流的新方式。

★案例2

菏泽小伙要做空气能热水器行业的"富士康"

从打工到创业,他经历大起大落。

2007年,大学毕业后,王福安成为天津一家暖气片工厂的质检员。因当时北方地区各大企事业单位会安装锅炉供暖,暖气片市场非常红火,头脑灵活的他敏锐地捕捉到了这个商机,利用在工厂里的关系,返回菏泽开了一家暖气片销售门市。

2008年,王福安在销售过程中发现,传统铸铁暖气片使用久了,内部容易氧化、堵塞。"经营暖气片店铺时,不少客户向我反映暖气片易堵塞。当时我就想,能不能利用一些特殊的材质来代替现有的。"他回忆说。

想到就立刻着手做。最初,王福安用塑料材质进行实验,结果因影响散热而失败。这时,他想到家里的太阳能热水器,打开后发现里面有一层"涂料"。经过多方求证,他得知这个涂层叫搪瓷。接下来他反复实验,终于发明了带内搪瓷的暖气片,能有效解决传统暖气片长时间使用堵塞的弊端。

经过一番市场比对和调查,2009年秋,王福安拿出近50万元资金,租用厂地,生产搪瓷内胆暖气片。也就在那时,国内最大的暖气片生产商找到他,提出用200万元一次性买断这个专利。但他决定,坚持自己生产、自己销售。

"市场变化很快,2010年年初,由于铜、铝等新型材质暖气片的出现,加上地暖的逐渐普及,传统铸铁暖气片市场逐渐萎缩。当时,投到工厂里的钱赔得一干二净。"王福安说。

由空调得到启示,他发明了空气能热水器。

2010年年底,王福安被迫转行,开始销售太阳能热水器。生意有所起色后,王福安家里添置了一台变频空调。

从小爱鼓捣东西的王福安,又发现了新世界:"空调夏天往外散热气,屋里吹冷风;冬天往外散冷气,屋里吹热风。可不可以到冬天,把外面的热风收集起来,加热水呢?"他还发现:"冰箱也有同样的性能,但与空调相比,要省电得多。"

王福安查阅了大量资料,又从旧货市场买来一台冰箱压缩机,用门市里的太阳能热水器的水箱做起了实验。"发热是可以实现的,但效果一般,相比热水器的效果,差远了。"他实验后发现。

王福安没有放弃。接下来,他又买回几台功率不同的压缩机,连续做实验。

"大半年里,我一直做试验,但始终没达到预期目标。"就在要放弃时,王福安想到压缩机里的"冷媒"。"冷媒"是在空调系统中,通过蒸发与凝结,使热转移的一种物质,俗称氟利昂。"冷媒有很多种型号,当时我就想,不同型号的冷媒,会不会产生不同的效果。"他说。

王福安买齐了所有型号的"冷媒",在家一个型号一个型号做实验。经过反复验证、调配、组合,他终于配置出一种特有的"冷媒"。"用到冰箱压缩机上,加热效果出奇的好!"他说,"后来,市场上有了专门的空气能热泵,但功率都在900瓦左右,我采用的压缩机只有180瓦,比那些大厂家的省电,制热效果几乎没有差别。"

技术再升级,空气能与太阳能实现完美结合。

空气能热水器是吸收空气中的低温热量,经过压缩机压缩,转化为高热能的热水,阴天下雨时同样可以制热。目前,在南方,空气能热水器开始普及。

"家用空气能产品有个缺憾,就是在零下7摄氏度时,制热能力下降,甚至停止工作。"王福安说,"这就是一直以来,家用空气能热水器没有普及到北方的原因。但冰箱压缩机本身就具备了在零下35摄氏度运行的条件,所以,北方的严寒对我发明的这台空气能热水器没影响。只不过在低温下,压缩机运行的时间要长一些。"

能不能加快制热水的时间?王福安重新审视自己的产品:"能不能把空气能与太阳能结合,或在收集太阳的光热后,再经空气压缩机转化成热能?"

又经过3个多月的研究、实验,一台空气能与太阳能结合的双效热水器在王福安手中诞生了。"这台空气太阳能热水器利用微电脑控制。冬季,每天中午在太阳光最强时启动,工作4个小时,就能让一家人洗上热水澡。同时,具有'云计算'能力,有效解决了夏天高温时压缩机闭塞的问题。"王福安自豪地说,"制造相同的热水量,这台热水器消耗的费用仅为电热水器的1/5、燃气热水器的1/3,比带有电加热的太阳能还省电,而室外机的重量只有太阳能面板的1/9。"

梦想做中国空气能热水器行业的"富士康"。

王福安成功了,背后是他多年的辛勤付出。

"我相信,付出总会有收获的。"对于未来,王福安手拿12份专利证书说:"太阳能曾经改变了上亿个家庭的热水生活。而比起太阳能,更省时省电的空气能热水器,一定会成为中国热水器市场上的新亮点,并迅速崛起。"

目前,王福安已经接到国内多家大型热水器企业的"橄榄枝",这些企业对他发明的空气太阳能热水器表现出了浓厚的兴趣。王福安说:"我听说富士康已经进驻菏泽,并开工建厂。我的目标,就是像富士康那样,利用自己产品结构简单、成本较低的优势,成为国内各大热水器企业的'加工厂',让广大百姓用到更加节能、更加安全、更加高效的热水器产品。"

(资料来源:中国山东网,2015 年 1 月 14 日)

★案例3

江西农民自制"排石床"救病妻

江西鄱阳县农民朱清华,为了治好妻子的肾结石,动手搞发明,爱的力量让他获得了灵感,他发明的"排石床"不仅解除了妻子的病痛,还获得了国家实用新型专利。

朱清华是鄱阳县饶埠镇畲塘村一名普通农民。1993 年,朱清华的妻子患左肾结石做了取石手术,因恶化严重至衰竭被迫做了左肾切除。2000 年,朱清华妻子的右肾又发现了结石。用药排石已经没有效果,医生给出的治疗方案是让患者倒立,但是妻子的身体十分虚弱,根本无法倒立。朱清华就想做出一张能够让妻子倒立的床。于是,他白天劳作时研究、构思、制作,通过努力,简易的床做好了,他又把房间的一堵墙打穿,连接到屋外的手扶拖拉机的传动轮上,由此带动床产生振动。在使用这个排石床倒立 4~5 天后,朱清华就发现他的妻子病情有所好转。过了一段时间,朱清华再次带妻子去检查,B 超显示结石已经基本排除。

之后,朱清华还对排石床进行了改善,2014 年 11 月初,朱清华发明的"体位治疗排石装置"被国家知识产权局授予国家实用新型专利证书。

(资料来源:《中国青年报》,2015 年 4 月 14 日)

点评:活跃于民间的发明群体,从他们的身上我们看到了中华民族不屈不挠、不怕困难、积极上进的民族精神。

相比那些专业发明家,他们没有完善的机械和工具;相比那些专业研发机构,他们没有雄厚的资金支持。或许是为了实现长久以来的一个发明梦,或许是试图以一己之力打开一个市场,或许是试图破解沉寂在久远历史之中的技术谜团,又或许仅仅是一时突发奇想,他们凭着一股顽强的韧劲儿,创造出了一件又一件发明。

生活中不乏发明达人在发明的舞台上演出无数感人的故事,他们用一生的精力拼搏、奋斗、追梦,历经无数的困难和冷嘲热讽,最终获得人们的赞扬、肯定、认同。

从案例中的发明可见:人是主动认识自然和改造自然的动物,会不断地从自然界的现象中发现、发明,这也许就是人类能生存发展的根本原因。人类能利用自然及天然条件创造物质、生产产品，并能在发明的过程中认识到外部世界的性质和自身的力量。

1.1.3 梦是实现社会价值的必经之路

人与普通动物的不同之处在于会思考，并通过思考去实现自己的目的。

人是高级动物，主要体现在两个方面：一是社会性高；二是智力高，国家、家庭、工具等均由此派生出来。

人有意识、有思维、有语言、有感情、有梦想、有需求、有野心，并通过语言和行为促成一个统一的社会，可以积累文化、传承后人等。

其实，人与动物不同还在于人能说话，思维敏捷，创造能力强，能通过方法和手段实现自己的目的。发明是梦又不是梦，发明是人们通过思考后用一种方法取代原有方法，是人们通过思考后用一种新方法实现目的（梦想）。

1.2 发明的含义

1.2.1 发明是发现的过程

各个国家的专利法对发明的定义各不相同，学者也是众说纷纭。本书认为，发明是应用自然规律为解决技术领域中特有问题而提出创新性方案、措施的过程和成果。产品被发明出来是为了满足人们日常生活的需要。

1. 橡胶轮胎的发明

发明人：查尔斯·固特异。

最初目的：19 世纪，橡胶还无法制成生活中各种耐用的用品，固特异希望找到一种方法，使橡胶既能耐热又能耐寒，也不会轻易变形，从而能用来制作各种耐用生活用品。

发明过程：1844 年的一天，固特异一不小心将一些铅、硫和橡胶的混合物泼洒到了一个火炉上，出现的意外"成品"终于让他的梦想成为现实。

2. 高压锅的发明

发明人：丹尼斯·帕平。

最初目的：帕平带领一批人到风景如画的阿尔卑斯山旅行，野餐时发现水不到 100℃ 就沸腾了，食物难以煮熟。

发明过程：他想到可以增加容器内的蒸汽压力来煮熟食物。为了降低容器内的压力，帕平发明了一种减压装置，用它使蒸汽在达到危险压力以前就排放出去。这个装置就是现在高压锅上的安全阀。世界上第一只高压锅就这样诞生了。

3. 便利贴的发明

发明人：斯宾塞·西尔沃。

最初目的：试图发明一种能够速干的强力胶。

发明过程：西尔沃发明了一种胶，但强度还不如现有的产品。它可以将物体粘住，但撕下来时非常容易，而且不会留下痕迹。几年后，当一名同事将这种胶涂在小纸片上，并用它来标记乐谱时，便利贴便诞生了。

4. 照相机的发明

发明人：路易·雅克·芒代·达盖尔。

最初目的：达盖尔一直潜心研究照相技术，发现氯化银可以感光，把银匙的影子印到了板上，但是一直没有找到方法使潜影显现出来。

发明过程：有一天，达盖尔到药品柜中找药品，突然发现曾经曝过光的底板上的影子已经变得非常清晰。他意识到，原来箱子里温度较高，蒸发后的水银使底板显像清晰。经过试验，他发明了第一个具有实用价值的照相机。

1.2.2 "发明"的不同注解

说法1：发明是"提供前所未有的人工自然物模型，或是提供加工制作的新工艺、新方法"。机器设备、仪表装备和各种消费用品及有关制造工艺、生产流程和检测控制方法的创新和改造，均属于发明。

说法2：发明是"发明人对其生产中的创造性成果依法取得的权利"。发明必须具备三个条件：①必须是前所未有的最新创造（新颖性）；②处于世界先进水平（创造性）；③能应用于生产建设（实用性）。

发明人在发明申请确认后，有权获得相应的占有权（获取证书等）和财产权（取得回报金、专利权）。

例如省力钥匙环，如图1-1所示。为了防止钥匙滑落，常见钥匙环的金属圈大都紧紧靠在一起，必须费很大力才能把它掰开，有时候还会伤到指甲。这款看似普通的钥匙环巧妙地借用了杠杆原理，只需轻压金属环一端便能使其张开环扣，毫不费力地把钥匙套进去，既省力又保护手指。

图1-1 省力钥匙环

说法3：发明是"人们追求完美的一种本能"。

例如懒人镜，其发明者马克·克罗斯使用棱镜调整阅读者的视角，让他们可以躺着看书。

说法4：发明是"一种有着可行性技术方案的创意，是一种标新立异而又尊重科学的想法和方法"。

例如带有小口袋的毛巾，可以供人们在跑步、健身时存放手机、零钱等随身物品。

说法5：发明是"发现或明白了能用一种方法取代另外一种方法的方法"。

说法6：发明是"一种区别于别人解决某一问题的办法和方法"。

1.3 发明的种类及关系

专利法所称的发明分为产品发明（如机器、仪器、设备和用具等）和方法发明（制造方法）两大类。对于某些技术领域的发明，如疾病的诊断和治疗方法、原子核变换方法取得的物质等都不授予专利权。计算机软件的发明，则要视其是属于单纯的计算机软件还是能够与硬件相结合的专用软件区别对待，后者是可以申请专利保护的。随着审查标准的变化，当前，单纯的计算机软件也可以单独申请专利，不再必须与硬件结合。涉及微生物的发明也是可以申请发明专利的，但要按期提交微生物保藏证明。

1.3.1 产品发明和方法发明

1. 产品发明

产品发明（包括物质发明）是人们通过研究开发出来的关于各种新产品、新材料、新物质等的技术方案。专利法中所指的产品，可以是一个独立、完整的产品，也可以是一个设备或仪器中的零部件，主要包括制造品，如机器、设备及各种用品材料。

2. 方法发明

方法发明是指人们为制造产品或解决某个技术问题而研究开发出来的操作方法、制造方法及工艺流程等技术方案。方法可以是由一系列步骤构成的一个完整过程，也可以是一个步骤，它主要包括制造方法（即制造特定产品的方法）及其他方法（如测量方法、分析方法、通信方法等）。发明的成果是提供前所未有的人工自然物模型，或是加工制作的新工艺、新方法。

机器设备、仪表装备和各种消费用品，以及有关制造工艺、生产流程和检测控制方法的创新和改造，均属于发明。

世界各国至今还没有统一的关于发明的概念，《中华人民共和国专利法》第二条规定："发明，是指对产品、办法或者其改进所提出的新的技术方案。"

我国1979年出版的《辞海》认为："发明是创造新的事物，首创新的制作方法。"发明是按照一定的理论，通过技术表现出来的新、特、奇、异并能取得一定经济效益或社会效益的事物或方法。如走前人没走过的路，用前人没用过的方法。发明是对成功的探索，对禁区的突破。

值得指出的是，发明不同于发现。发现是"揭示自然界已经存在的但尚未被人们所认识的自然规律和本质"，而发明创造则是"运用自然规律或本质去解决具体问题的技术方案"。发现是不能获得专利的，只有发明才能获得专利。还应当指出的是，专利法中所指的发明仅仅是一项解决某一特定问题的技术方案，即使这种技术方案的构思在获得专利权时，有的还没有经过实践证明可以直接用于工业生产或制造某种具体的物品，所以这是一种无形的知识财产。但也不能将这种技术方案的构思与那些只是单纯地提出技术名称、设想，或者仅仅表示一种愿望，而对于究竟如何实现并无明确的具体办法，也不具备将来有实现的可能性的愿望相提并论，显然，后者是不能称为专利法中所指的发明的。

1.3.2 发明与创意、创造、创新的关系

创意，即具有新颖性和创造性的想法，也可以理解为人们具有与众不同的好点子，比如广告创意。一个创意虽然有趣，但还不是一个发明，更不是一个创新，它只停留在思想层面。将好的、有潜力的创意转化为有形的产物才是发明。

创造常常与发明联系在一起，指人们在自然科学和工程技术领域"首创前所未有的事物"。虽然创造一词也常被引申到其他领域，但其核心含义仍是指在科学技术上取得新成果。

创新并不等于发明，它是在已有发明的基础上进行的变革和改进，即创造出

新的东西。保罗·罗伯特认为：创新依赖发明和创意。

在不十分严格的语境下，上述三个概念常常被混淆，例如，单纯的技术发明有时也称为创新，而有助于一种技术发明的新设想、新观点也被称为创意等。

1.4 人为什么要发明

人的一生离不开发明，也在无意中创造。发明源于"不满"，源于"不足"。永远革新，永远前进，不因循，不保守，这是古今中外大发明家的共同风格。通过小发明活动，从小培养这种思想品质，对于造就新一代的发明家大有好处。可以说，小发明孕育着大发明。

★案例1

父子俩"捣鼓"出"智能防盗锁芯"

因为连续丢了好几辆自行车、电动车，长葛市一对父子决心发明高科技防盗锁。他们发明出"节能智能锁芯防盗报警空转装置"，它最大的特点就是在遭到偷车贼所谓"万能钥匙"、螺丝刀等异物侵袭时，锁芯只是空转，打不开，即使锁芯被强力破坏，只要有原配钥匙，仍能打开、使用。

66岁的齐金五和35岁的齐慧强是父子俩。齐金五认为，无论是防盗门还是轿车、自行车、摩托车、电动车，仅靠锁本身很难防住小偷，关键是一方面要尽量延长小偷打开锁的时间，另一方面要尽量缩短人们发现的时间。

齐金五发现，普通的锁用专用工具几秒钟就能打开，原因是锁芯的防盗功能很差。另外，现有的具有报警功能的锁存在缺陷：一是锁被打开之后才能报警，小偷有足够的时间逃离；二是报警声音不大，难以引起大家的警觉；三是售价高，难以在普通住户的防盗门或自行车、摩托车、电动车上广泛使用。

对于上述缺陷，齐金五和齐慧强逐一克服。他们在锁芯外面加装一个特殊装置，真正做到"一把钥匙开一把锁"，用其他钥匙或工具根本打不开；在锁内部加装自动报警装置，让锁只"认识"原配钥匙，当其他钥匙或工具试图开锁或对锁进行破坏时，锁能自动发出大音量的"抓贼呀，小偷开门啦"等事先存录的报警声。他们还为防盗门设计了一种无线发射装置，大小和普通电话差不多。一旦防盗门遭到侵袭，它不但能发出报警声，还能自动拨打报警电话。如果第一个号码打不通，它会自动拨打下一个号码继续报警。这些号码，用户可提前设置，可以是110，也可以是用户本人或亲友的手机号码，最多能设置8个。

父子俩因此获得了"多功能语音报警安全防盗锁"和"智能防盗锁芯安全报警装置"实用型专利证书。之后，齐金五发现，虽然"多功能语音报警安全防盗锁"和"智能防盗锁芯安全报警装置"的防盗功能很好，但容易被小偷用螺丝刀等异物强力破坏。这对当事人来说是不小的损失；对社会来说，是一种资源浪费。于是，他们决心发明一种难以被破坏的防盗锁芯。经过两年多的努力，2012年年底，父子俩最终研制出"节能智能锁芯防盗报警空转装置"。

（资料来源：中广网，2019年10月20日）

点评：灵感是人所具有的一种特殊思维活动。发明创造需要灵感的帮助，灵感的出现对创造成功起着关键性作用。人类需要的是发明的动力和源泉。

1.4.1 发明的特点及价值

1. 发明的特点

发现主要是揭示未知事物的存在及其属性，发明主要是创造出过去没有的事物。新颖性是指该发明或实用新型不属于现有技术，也没有任何单位或者个人就同样的发明或实用新型在申请日以前向国家知识产权局提出过申请，并记载在申请日以后公布的专利申请文件或者公告的专利文件中。发明就是新颖的技术成果，不是单纯仿制已有的器物或重复前人已提出的方案和措施。

一项技术成果，如果在已有技术体系中能找到在原理、结构和功能上相同的东西，则不能叫发明。发明不仅仅要提供前所未有的东西，还要比原有的东西更先进，在结构、原理、功能上优于现有产品。发明既有继承也有创造，即具有先进性。同时，发明是由于需要而产生的，能够对人们的生活产生积极的效果。

2. 发明的价值

发明是有应用价值的创新，它有明确的目的性和先进的实用性。一方面，发明方案必须既要反映外部事物的属性、结构和规律，又体现自身的需要。发明者创造出新产品、新工艺前，已在观点中按照要求考察所涉及的对象，并在发明过程中不断地按优化的功能目标来完善其方案。另一方面，发明的最终指向是人的需求。

发明不是一种构想，要有应用前景和可能应用的技术方案和措施。科学的发明必须着眼于综合效用，站在经济的角度，做长远的研究。一项发明能否应用于生产或者活动，还取决于是否会纳入已有的技术系统进行改进生产。有了发明，未必一定有相应的产品或工艺；有了产品和工艺，未必就能够解决生产和工程中的实际问题，资金、设备、人力、材料、管理和市场等方面的条件都需要纳入综合考量范围。发明只有转化为产品研制、工艺试验，转化为技术革新、试生产、批量生产和推广应用，才能成为现实技术。

1.4.2 发明的意义

发明的意义在于能唤起整个社会的潜在活力，推动科技发展和社会进步，启发人们的聪明才智，最终提高全人类的精神文明和物质文明水平。

归纳起来，发明的意义有以下几点。

1. 发明是人类进步、社会发展的动力

发明创造铺筑了人类向前发展的阶梯，一些历史阶段就是以当时某些发明来命名的，如旧石器时期、新石器时期、青铜器时期等。发明不仅是人类的基本活动之一，而且是崇高的事业。不同时代有不同的发明，这些发明不断改进人们的生活条件和生活水平，逐渐把人类社会推动向前。

2. 发明是取之不尽、用之不竭的资源

资源指资产的来源，多指土地、矿藏等自然资源。鱼群探测仪的发明者古野说："资源是有限的，人的智慧是无限的。"人类创造性思维的能力不但能够增加资源，而且还能更有效地将这些资源加以合理利用，使得效益最大化。从某种意义上说，世界上取之不尽、用之不竭的资源不是在天上，也不是地下，而是在我们每个人的大脑里，是在人类具有的发明创造的能力上。

3. 发明是民族振兴、国家富强的法宝

第二次世界大战以后，日本满目疮痍，伤痕累累。40多年后，日本一跃成为世界强国，令世人刮目相看，其原因就在于他们的发明创造。据统计，日本平均一亿人口中有六百万人从事发明创造相关的工作。

我国也是如此，改革开放以后，工农业、国防和科技等方面都取得了举世瞩目的成就，其中一个重要原因就是重视了发明创造。国家鼓励应用研究，加快推动创新融通发展，催生更多符合市场需要的创新成果，并加快转化为生产力。

4. 发明是集体富裕、个人幸福的源泉

世界上有名的大企业、大公司都是通过发明取得专利而成名的。如日本的松下电器公司，从一个仅有几个人的小作坊发展成为一个拥有几十万名职工的大型企业，就是从一个有双插头的插座和自行车灯这两项发明上起步的。

派克钢笔的发明者派克，原是一家钢笔店的小伙计。长期的工作使他得到灵感，把粗糙笨拙的圆筒形钢笔杆改成了美观诱人的流线型，又将笔帽由拧进式改成插入式，大获成功。

1.4.3 发明者的素质

发明虽不神秘，但也不像想象的那样简单。鲁班被叶子划破了手而发明锯；牛顿看到苹果落地而发现了万有引力定律。其实，划破手、苹果落地只是发明的开始，在整个发明过程中只起启示作用，而不是决定性作用。起决定性作用的是发明者在日常生活、工作和学习中所培养的素质。

人的素质在工作中起着决定性作用，在发明创造中也是如此。人的素质分为心理素质、知识素质和社会素质，对于发明者而言，主要表现为两点。

(1) 奋进不息的毅力。

诺贝尔研究炸药，常年与死神周旋。有一次，他正在配制硝化甘油，突然一声巨响，厂房爆炸了，他的小弟弟和另外四名工作人员一起丧生。但诺贝尔本人并没有就此消沉，他找来一只平底木船当厂房，在城郊一个湖面上重新开始研究。后来，实验室又被炸飞了，他满身血污地从火中跑出来，高呼："我们成功了！"雷管就这样在血与火的洗礼中诞生了。凭着这种奋进不息的精神，诺贝尔一生拥有几百项发明专利。

发明既是一种艰苦的创造性的实践活动，又是一次高度复杂的意志较量，它是人们用意志把知识和经验转化为新事物的过程。发明人必须具有坚韧不拔的意志和锲而不舍的精神。发明是艰苦的，同时也蕴含着无穷的乐趣。能领略到这种乐趣的，只有那些奋进不息的强者。

(2) 自信不移。

自信是对自己的能力做出正确估计后，认定自己能够达到既定目标的一种心理状态。国外一家公司请心理学家来研究，为什么研究和开发部门的人比其他人具有较高的创造力。3个月后得出结论，研究和开发部门的人认为自己有创造的能力，而其他部门的人认定自己没有创造的能力。

这个试验说明，自信是事业的立足点和成才的精神支柱。实践证明，自信者对自己的事业深信不疑，创造往往能够成功；缺乏自信者有一种自卑心理，创造往往失败。

1.5 发明创造的级别划分

1.5.1 TRIZ理论定义的五个发明等级

发明创造常常以各种形式的专利出现，如发明专利、实用新型专利和外观设计专利。其实现实生活中的发明与创造远非这些，它们形式各样，随处可见，层次也各不相同，小到一张桌子的简单改进，大到一个学科理论的创建，即使专利本身，在创新程度上也各不相同。

在实现这些发明的过程中，由于创新程度不同，对发明者在知识、经验、创新能力等方面的要求也各不相同。为了更好地组织和实施创新活动，一些专门从事发明研究的专家对不同形式的发明进行了分类，并研究它们各自的特点，以及相应的创新方法和技巧。其中最为科学有效的发明分类方法要数著名的TRIZ理论（发明问题解决理论），它将发明按照新颖程度分为五个等级。

第一级是最小型发明，通常指的是对已有的设计或者系统的简单改进，这些变动不会影响整体结构的情况。它不需要任何相关领域的专门技术或知识，设计人员凭借自身掌握的知识和经验就可以解决和判断该类创新。例如为了更好地保温，将塑钢窗加厚；用承载量更大的重型卡车替代轻型卡车，以降低运输成本。该类发明创造或发明专利占所有发明创造或发明专利总数的32%。

第二级是小型发明，指的是通过解决一个技术矛盾对已有设计或系统进行少量改进。创新过程中需要利用本行业的知识、理论和经验，通过与同类系统的类比即可找到创新方案，如中空的斧头柄可以储藏钉子等。该类发明创造或发明专利占所有发明创造或发明专利总数的45%。

第三级是中型发明，是指对已有设计或系统的大幅度、根本性的改进，需要利用领域外的知识、理论和经验，但不需要借鉴其他学科的知识。此类的发明如原子笔、登山自行车、电钻上安装离合器等，占所有发明创造或发明专利总数的18%。

第四级是大型发明，是指采用全新的原理完成对已有系统基本功能的创新。它一般需引用新的科学知识而非利用科技信息，通过充分控制和利用科学知识实现新的发明创造，如第一台内燃机、集成电路、充气轮胎、记忆合金管接头等。该类发明创造或发明专利占所有发明创造或发明专利总数的4%。

第五级是最高级，即特大型发明，是罕见的科学原理导致一种新系统的发明、发现。这一类问题的解决主要是依据自然规律的新发现或科学的新发现。先有新的发现,建立新的知识,然后才有广泛的运用,如计算机、蒸汽机、激光、灯泡的首次发明等。该类发明创造或发明专利占所有发明创造或发明专利总数的比例不到1%。

1.5.2 发明级别和创新发明的关系

平时我们遇到的绝大多数发明都属于第一、第二和第三级。虽然高等级发明对于推动技术文明进步具有重大意义,但这一级的发明数量相当少;而较低等级的发明则起到不断完善技术的作用。

针对以上五级发明,TRIZ理论提供了相应的创新方法和工具支持。TRIZ理论主要包括40条创新原理、76种发明问题标准解法和发明问题解决算法等创新工具。如果是解决第一和第二级的简单发明问题,可采用解决技术矛盾的创新原理和解决发明问题的标准解法;如果是解决第三和第四级的发明问题,就要用解决发明问题的标准解法和发明问题解决算法;如果是解决非常复杂的第五级的发明问题,则可采用发明问题解决算法,它提供了特定的算法步骤,能够帮助我们实现由复杂模糊的问题情境向明确的发明问题的转变。

实际上,发明的级别越高,获得该发明专利时所需的知识就越多,知识所处的领域就越宽,搜索有用知识的时间就越长。同时,随着社会的发展、科技水平的提高,发明的等级随时间的变化而不断降低,最初的高级别发明逐渐成为人们熟悉和了解的知识。发明的等级划分及知识来源如表1-1所示。

表1-1 发明的等级划分及知识来源

发明级别	创新的程序	问题复杂程度	比例	知识来源	参考解的数量
一级	明确的解决	无矛盾问题	32%	个人的知识	10
二级	少量的改进	标准问题	45%	公司内的知识	100
三级	根本性的改进	非标准问题	18%	行业内的知识	1 000
四级	全新的概念	极端问题	4%	行业外的知识	10 000
五级	发现	独一无二的问题	小于1%	所有的知识	10 000

由表1-1可以发现,95%的发明利用了行业内的知识;只有少于5%的发明利用了行业外及整个社会的知识。

因此,如果企业遇到技术矛盾或问题,可以先在行业内寻找答案;若不可能,再向行业外拓展。若想实现创新,尤其是重大的发明创造,就要充分挖掘和利用行业外的知识。

对于第一级发明，根里奇·阿奇舒勒（Genrich Altshuler）认为不算是创新。而对于第五级发明，他认为如果一个人在旧的系统还没有完全失去发展希望时就选择一个全新的技术系统，则成功之路和被社会接受的道路是艰难和漫长的。因此，在原来基础上的改进是更好的策略。他建议将这两个等级排除在外，TRIZ理论工具对于其他三个等级的发明作用更大。一般来说，第二、第三级称为"革新（Innovative）"，第四级称为"创新（Inventive）"。

可以看出，发明和创新看起来很困难，但其实大部分发明都是较低层次的创新，只要充分发挥自己的创新潜能，掌握科学的创新原理和方法，每个人都可以拥有自己的发明创造，为生活增添活力。

★ 链 接

发明是什么？
——发明之歌

1）发明是什么？请你告诉我！

发明是"发疯"，究竟为什么？发明是学习，发明是拼搏！发明是人类追求进步的基础，发明是人们生活幸福的花朵。

2）发明是什么？请你告诉我！

发明是"辛苦"，发明是"苦药"，发明是勤劳，发明是幻觉，发明是人类智慧的运用，发明是人类创新潜力的星火。

3）发明是什么？请你告诉我！

发明是创新，为的是生活；发明是创造，为的是振兴中国。发明是人类进步的需求，发明是人们崇尚科学而求实的成果。

（编者自创）

1.6 发明作品实例

1.6.1 发明作品实例1：一种火车上便携式趴椅

1. 技术领域

本发明属于火车上设备用品技术领域，涉及一种火车上便携式趴椅。

2. 背景技术

对于乘坐火车硬座，而行程又不得不安排在夜晚的人来说，休息是一个大问题。靠火车两边窗子地方的人睡觉时可以趴在桌子上，但是靠近过道的人只能坐着。火车硬座的靠椅很直，导致乘客睡觉的时候很不舒服。鉴于此，有必要提供一种更好的方法，给在夜晚乘坐火车硬座的人提供一个更加舒适的睡觉环境，保证第二天精力充沛。

3. 发明内容

为了帮助乘客解决夜晚乘坐火车硬座时睡觉很不方便的问题，本发明提供一种可以让在夜晚乘坐火车硬座的人们有一个较好的睡眠质量的装置，来保证乘客的睡眠质量。

4. 技术方案

本发明是一种火车上便携式趴椅，如图1-2所示，主要分为两部分：桌面和支撑架。桌面1为一个被削去了圆心角为120°的扇形的薄片圆；支撑架由支撑柱内轴2、伸缩固定旋钮3、顶部转轴4、顶部支撑杆5、顶部凹槽6、底部转轴7、底部支撑杆8、底部凹槽9、支撑柱外轴10组成。支撑柱外轴10套在支撑柱内轴2外面，伸缩固定旋钮3为固定支撑柱内轴2和支撑柱外轴10的伸缩长度，伸缩固定旋钮3为可以绕轴心旋转的旋钮，通过旋转，可以松开伸缩固定旋钮3，此时可以通过拉伸拔出或者按压支撑柱内轴2来调节支撑架的长度，达到一个合适的长度后，再次通过旋紧伸缩固定旋钮3即可固定支撑柱内轴2和支撑柱外轴10的相对位置，并保持不变。

顶部支撑杆5为三根小铁棒，可绕顶部转轴4做90°旋转，顶部凹槽6为顶部支撑杆5的尾部的安放位置，三个顶部凹槽三等分圆。顶部支撑杆收拢时，成竖立放置。底部支撑杆8同样也为三根小铁棒，比顶部支撑杆5略短一些。底部凹槽9为底部支撑杆8的尾部的安放位置，三个底部凹槽9三等分圆，与顶部凹槽6一一对应排列。底部支撑杆8由底部转轴7固定，底部支撑杆8可绕底部转轴7做90°旋转，当底部支撑杆8收拢时，成竖立放置。当底部支撑杆8打开时，可使支撑架稳稳地站立在地面上。将顶部支撑架5打开，将桌面1放置到顶部支撑架5上，使桌面1的缺口的两边和顶部支撑架5的两条边对应放置，并固定好，则可以使用。

(a)　　　　　　　　　(b)　　　　　　　　　(c)

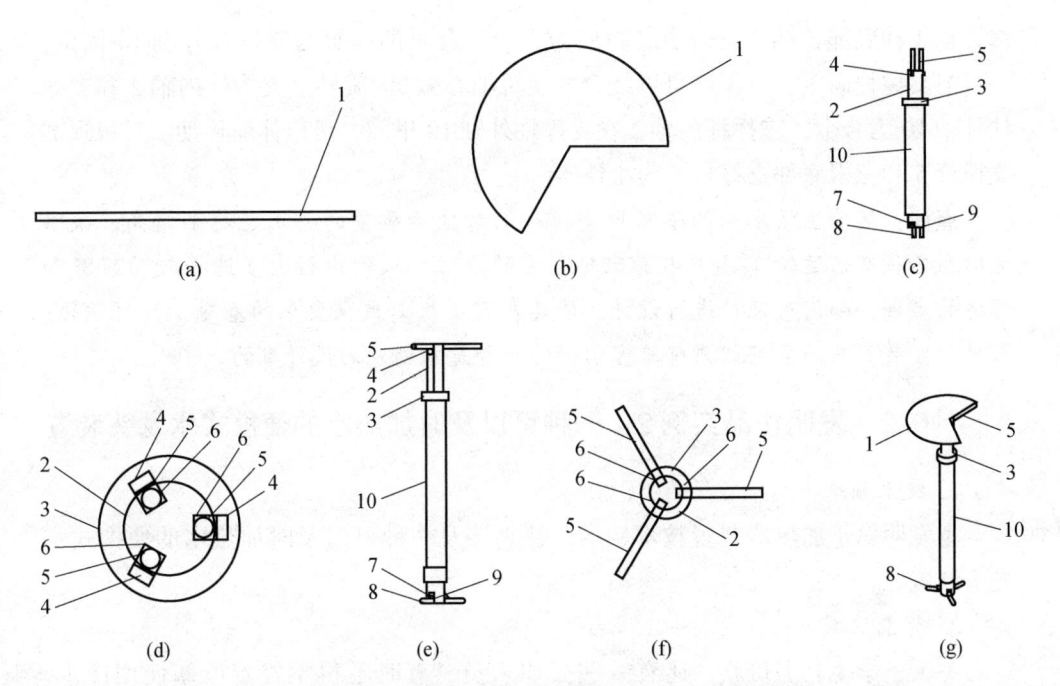

(d)　　　　　(e)　　　　　(f)　　　　　(g)

1—桌面；2—支撑柱内轴；3—伸缩固定旋钮；4—顶部转轴；5—顶部支撑杆；6—顶部凹槽；
7—底部转轴；8—底部支撑杆；9—底部凹槽；10—支撑柱外轴。

图 1-2　火车上便携式趴椅
(a) 桌面主视图；(b) 桌面俯视图；(c) 支撑架收拢主视图；(d) 支撑架收拢俯视图；
(e) 支撑架打开主视图；(f) 支撑架打开俯视图；(g) 西南等轴测图

5. 有益效果

构思新颖，结构简单，方便使用。夜晚乘坐火车硬座的人，睡觉时脖子会僵硬等问题就可以得到解决，从而能有一个较好的睡眠质量，保证第二天的精力。乘客能够安安心心地趴在桌子上睡觉，不用脖子再支撑头部的重量，不用再为乘坐火车硬座夜晚难以休息而烦恼。

6. 具体实施方式

支撑柱外轴 10 套在支撑柱内轴 2 外面，伸缩固定旋钮 3 为可绕支撑柱轴心旋转的旋钮，通过旋转，固定旋钮 3 松开，可以使支撑柱内轴 2 在支撑柱外轴 10 里自由活动，以此调节支撑架的长度。顶部凹槽 6 为顶部支撑杆 5 的尾部安放位置。顶部支撑杆 5 由顶部转轴 4 固定，可绕顶部转轴 4 做 90°旋转，当顶部支撑杆 5 打开时，将桌面 1 缺口的两边对应放置到两根顶部支撑杆上，固定好。底部支撑杆 8 由底部转轴 7 固定，可绕底部转轴 7 做 90°旋转。底部凹槽 9 为底部支撑杆 8 的尾部安放位置，当底部支撑杆 8 打开，即与支撑柱外轴 10 成 90°时，支撑架可以稳稳地安放在地面上。桌面 1 为硬质材料，可以为木板或是硬纸板，或是薄铁片。顶部转轴 4 和底部转轴 7 为合页，材质为合金。合页的一页与支撑柱外轴 10 固定，一页与支撑柱固定，支撑柱可以绕合页旋转轴心做 90°旋转。支撑柱内轴 2 和支撑柱外轴 10 为合金，支撑柱内轴 2 在支撑柱外轴 10 里面，可以伸缩移动。三根顶部支撑杆 5 和三根底部支撑杆 8 为小铁棒。

点评：随着生活水平的不断提高，人们对生活质量的要求也越来越高。铁路运输在各种交通运输工具中占有比较重要的地位，人们出行大多选择较为经济和舒适的车厢，如何对座位进行设计，使其在满足基本乘坐要求的基础上向舒适化、人性化发展，从而尽可能减少旅客出行的疲劳是本创意的设计目的。

1.6.2 发明作品实例2：一种可以及时加热水的便携式水龙头装置

1. 技术领域

本发明属于加热器装置技术领域，特别涉及一种可以及时加热水的便携式水龙头装置。

2. 背景技术

冬天，学生、上班族，还有一些公职人员，有时不得不冒着严寒使用冷水。同时，现有的大多数水龙头装置都是将热水与冷水混合，以此来达到一个匹配的温度。鉴于此，有必要提供一个更好的产品，以取代现有的水龙头加热装置，使其无须通过冷热水混合来达到适宜温度，更加方便使用。

3. 发明内容

为了解决现有水龙头加热装置难以调节适宜温度和不适宜在任何有水龙头的地方安装的问题，本发明提供一种小巧方便的对冷水快速加热的装置，来达到任何一个有水龙头的地方都可以随时有热水的目的。

4. 技术方案

（1）本发明是一种可以及时加热水的便携式水龙头装置，如图 1-3 所示。在进水口 1 和出水口 6 之间通过增加 5 根加热棒 13，使冷水顺着左侧加热管 15、中间加热管 16、右侧加热管 17 流向出水口 6 的时候，加热棒 13 处于工作状态，对冷水进行加热。加热方式为逐级阶梯式，通过调节调节器 3，可以改变加热棒电极 12 的电压和电流，从而改变加热棒的发热效果。大电压大电流则加热效果好，水流温度高；小电压小电流则加热效果缓慢，水流温度低。连接电路由导线构成，接进电源接线柱 7，经过导线沟槽 2 连接到调节器 3，变为五路并联电路连接到加热棒电极 12。连通口 4 将装置上层 10 与下层 11 里面的左侧加热管 15、中间加热管 16、右侧加热管 17 连成一个单向管，让水流可以在加热管里面由进水口 1 经过加热管后经导向管 9 向出水口 6 单向流动。

(2) 本发明基本构成为合金,进水口 1 和出水口 6 的连接方式为螺纹连接,可以和市面上的水管和水龙头很好地连接。加热棒柄 14 由塑胶构成,与加热棒安装位置 5 由螺纹连接,可以拆卸,方便更换。加热棒 13 由电热器构成,长度比左侧加热管 15、中间加热管 16、右侧加热管 17 短。5 根加热棒电极 12 的电路连接方式采用五路并联支路 18,调节器 3 里有内置滑动变阻器 19,通过旋转调节器 3 改变滑动变阻器 19 接入电路中的不同阻值来达到控制电压与电流的目的。

(3) 不用热水时,只需要关闭开关 8,水龙头里流出的水就只是经过加热管,但是由于加热棒 13 不处于工作状态,所以流出的只是冷水。当需要热水时,加热棒 13 处于通电工作状态,水流通过加热棒 13 流向出水口 6,水被加热。

5. 有益效果

该装置较小,成本低廉,可以及时输出任意温度的水,所以可以安装在任何位置。水温的调节过程是渐变的,容易调节到自己喜欢的温度。整个装置主要由合金构成,不容易锈蚀,使用寿命长。由于采用多级加热方式,加热效果更好。内部加热棒采用可更换式的安装方式,实现节能环保、绿色生产。

6. 具体实施方式

将装置的进水口 1 连接到水管一端,出水口 6 接到水龙头一端,水温调节器 3 所在的一面朝上。正确连接后,将电源与电源接线柱 7 连接,打开电源开关 8,冷水由进水口 1 流入,转到装置下层 11 的左侧加热管 15 里,再经过连通口 4 流到装置上层 10 的左侧加热管 15 里,然后流到装置上层 10 的右侧加热管 17 里,经过连通口 4 流到装置下层 11 的右侧加热管 17 里,经过下层 11 右侧加热管 17 与中间加热管 16 之间的连通口 4 流到下层 11 的中间加热管 16,接着通过连通口 4 经导向管 9 再连接到外面的水龙头,放出热水。电源由电源接线柱 7 接进,导线经过导线沟槽 2 连接到温度调节器 3,经过调节器 3 的分流分压处理,变为五路并联支路,通过水流导向管 9 的两侧连接到加热棒电极 12,让加热棒 13 产生热量,从而加热水流。调节温度调节器 3 的时候会带动滑动变阻器 19 转动,改变滑动变阻器 19 接进电路中的阻值,从而改变加热棒 13 的加热效果。

进水口 1 与水管由螺纹方式连接,出水口 6 与水龙头也由螺纹方式连接。加热棒柄 14 由塑胶构成,与加热棒安装位置 5 由螺纹方式连接。打开装置的外壳,就可以安装加热棒或是更换加热棒。进水口 1、出水口 6 和加热管 15、16、17 由不锈钢材质构成,加热棒 13 由电热棒组成,开关 8 为一般市面上使用的开关,调节器 3 为往返旋转的圆形调节阀。整体结构由合金构成,外面有密封处理,防止漏电漏水等。

(a) (b) (c)

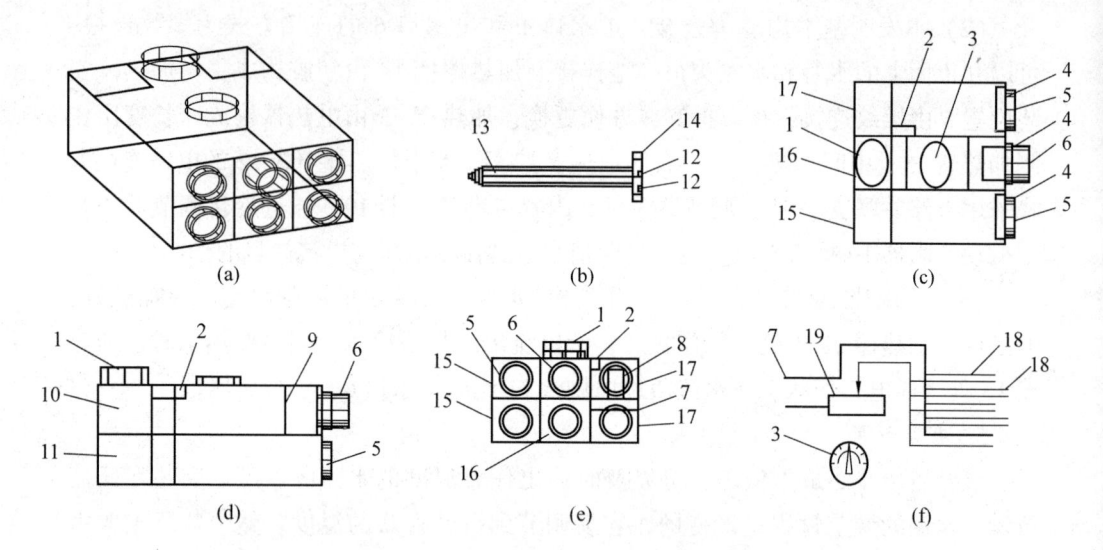

(d) (e) (f)

1—进水口；2—导线沟槽；3—调节器；4—连通口；5—加热棒安装位置；6—出水口；7—电源接线柱；
8—开关；9—导向管；10—上层；11—下层；12—加热棒电极；13—加热棒；14—加热棒柄；
15—左侧加热管；16—中间加热管；17—右侧加热管；18—五路并联支路；19—滑动变阻器。

图 1-3 及时加热水的便携式水龙头装置

(a) 整体外观图；(b) 加热棒俯视图；(c) 整体俯视图；(d) 整体主视图；
(e) 整体右视图；(f) 电路连接图

点评：电热水龙头具有方便、快捷的优点，广泛用于厨房洗菜、洗碗、清洁，卫生间洗手、洗脸、洗头、洗衣等领域，是人们生活中的好帮手。

电热水龙头使用虽然很方便，但安全性要求很高。在发明创造的过程中，不仅要考虑到发明的新颖性和实用性，更需考虑发明的应用性和安全性。

1.6.3 发明作品实例3：一种新型城市安全概念房

1. 技术领域

本发明属于房屋建设技术领域，特别涉及一种新型城市安全概念房。

2. 背景技术

现在的楼房几乎全部是混凝土构成的，而人们的安全意识越来越强，生活中对安全的要求越来越严格。国外采取了很多做法，比如在楼层中间空位置安装旋转滑道，当危险来临时可以保护人们的生命安全，但是每次可以逃生的数量不多，而且滑下去时速度太快反而会对人们造成伤害，无法解决大部分人在第一时间逃离死亡线的问题。鉴于此，有必要提供一种更好的方法来规避危险，保障人们的生命安全。

3. 发明内容

为了解决现有楼房难以快速逃生的问题，本发明提供一种让人们可以第一时间逃离危险区的装置，来实现瞬间逃生的目的。

4. 技术方案

（1）本发明是一种新型城市安全概念房，如图1-4所示，主要由两部分组成：混凝土建成的房体1和由钢铁材质构成的安全区12。其中，安全区12主要由娱乐区9、过道10和支撑柱11组成。在现在建筑的基础上将房屋由整体拆分为两个部分，分为独立的房体和独立的过道走廊，过道走廊构成本发明的安全区12。其中，房体1还是由原来的水泥等建筑材料建造，是供人们生活办公的场所，而走廊过道区是用来作为进出房间和发生地震等危险时可以躲到里面的安全保护区。房体1由钢筋混凝土构成，房体的楼层3之间通过楼层间的楼道2进行连接，楼道2设置在房体1里面。当人们由下一楼层经过楼道2上到上一楼层时，通过安全区12的过道10就可以来到各个房间门4，从而进入各个房间。房体墙壁内壁5和墙壁外壁6构成房体1与安全区12连接的接触边缘，而固定销7通过焊接或螺栓固定的方式将房体1与安全区12固定在一起。为了增加稳定性，每个楼层之间都需要固定。固定销7是房体1的一部分，延伸到外部，方便与安全区12相连。

（2）安全区12主要由钢材组成，人们通过楼道2来到安全区12的楼层8上，楼层8构成安全区12的水平平台，过道10和娱乐区9是楼层8的一部分。过道10提供人们进出房体1的房间的通道，而娱乐区9提供了一个稍大一点的区域，可以在灾难发生时提供一个较大的区域来保护人们的安全。同时，也由于安全区12的娱乐区9增加了安全区12的宽度，可以起到平衡的作用。安全区12的支撑柱11是安全区12的柱子，主要起支撑的作用，是安全区12结构里必不可少的一部分。

（3）房体1作为人们主要的生活和工作区域，而安全区12作为人们进出房体1各楼层间的通道和紧急情况下让人们避难的生命保障场所。安全区12深深地嵌入地下，在地震等特殊情况下岿然不动。

5. 有益效果

将原来的楼房走廊过道改为由钢材构成，它的抗震能力提高了很多倍，在安全保护方面可以做得更好。由于该装置保留了原来的混凝土结构，所以隔音效果没有减退，不会影响人们的正常生活和工作。但是由于在过道结构上做了改进，混凝土耗材大大减少，可以节约很大一部分原材料开支。由于安全区与混凝土楼房是嵌入式连接，所以安全区的支撑作用可以很好地保护混凝土楼房。同时，宽广的安全区为人们提供了日常的娱乐场地和灾难来临时生命的保障区。

6. 具体实施方式

当地震等灾难发生时，城市安全概念房可以让人们在第一时间逃离危险，最大限度减少伤亡。楼道2的安装位置没有改变，依然在房体1内部，人们经过楼道2可以到达各个楼层3，通过安全区12的过道10就可以到达各个房间的房间门4，从而进入各个房间。房体1的墙壁内壁5和墙壁外壁6是与安全区12相连接的结构，但是基本不受力，房体1与安全区12通过固定销7连接在一起。安全区12里的各个楼层8由过道10和娱乐区9构成：过道10是人们进出房间的通道；娱乐区9是人们日常娱乐的场所，当发生地震等灾难时，提供一个可以容纳很多人的生命保障区。支撑柱11是安全区12的主要受力结构，是安全区12的框架。

房体1由钢筋混凝土构成，和目前的建筑没有什么区别，改变的是过道变为了本发明的安全区12。安全区12主要由钢材组成，钢材有很强的牢固性，所以具有很强的抗震性。安全区12深深地嵌入地下，所以防震效果很理想。房体1与安全区12通过固定销7的焊接或是螺栓固定的方式连接在一起。

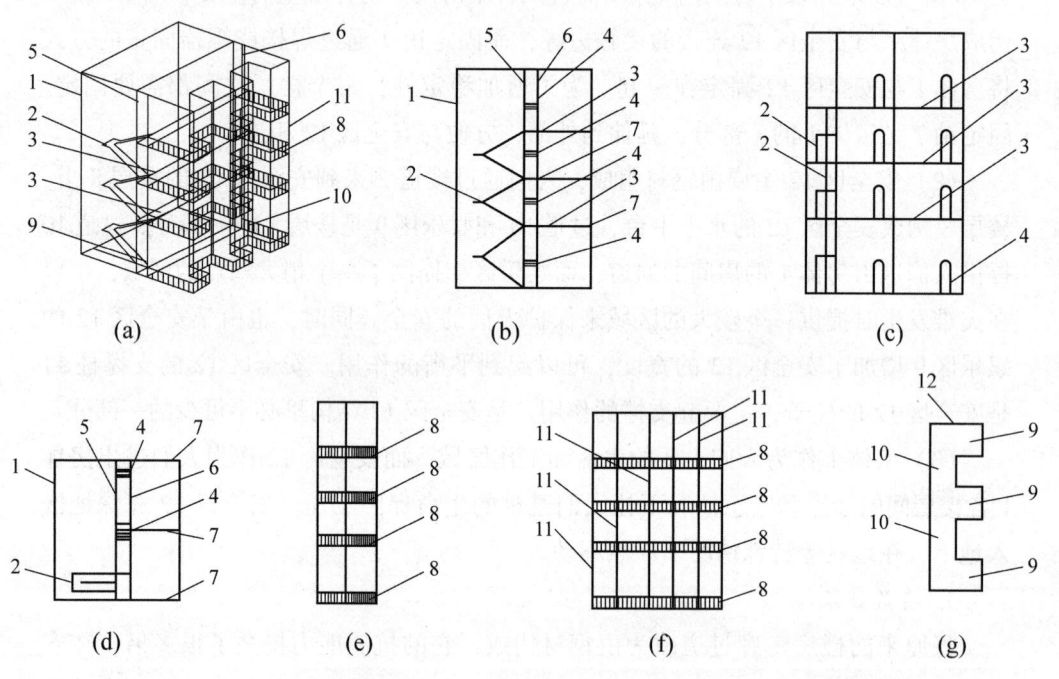

1—房体；2—楼道；3—房体的楼层；4—房间门；5—房体墙壁内壁；6—房体墙壁外壁；
7—固定销；8—安全区的楼层；9—娱乐区；10—过道；11—支撑柱；12—安全区。

图1-4 新型城市安全概念房

（a）整体外观图；（b）房体的左视图；（c）房体的主视图；（d）房体的俯视图；
（e）安全区的左视图；（f）安全区的主视图；（g）安全区的俯视图

第1章 发 明

点评：本发明"一种新型城市安全概念房"就是从遇险逃生的实际出发结合现代建筑方法而大胆提出新的构思、新的技术方案。

本发明"一种新型城市安全概念房"的构思多限于建筑结构的改进和创新。

结合本发明"一种新型城市安全概念房"的构思，如果逃生通道采用钢结构设计存在以下不足。

1. 逃生通道采用钢结构设计遇火灾会产生高温形变而垮塌。
2. 逃生通道采用钢结构设计遇火灾会产生高温使人难以接近通道而逃生。
3. 逃生通道采用钢结构设计使用期间维护费用高，周期较短。

1.6.4 发明作品实例4：一种无臂特残人员专用腿控卫生马桶

1. 技术领域

本实用新型属于马桶技术领域，特别涉及一种无臂特残人员专用腿控卫生马桶。

2. 背景技术

残疾人是特殊群体，由于生理缺陷而生活不便。对于无臂残疾人员来说，上厕所是极其不方便的，需要他人的帮助，目前还没有专门为无臂人员设计的坐式马桶。鉴于此，有必要提供一种为无臂人士设计的腿控卫生马桶，使其上厕所的每一步都可以独立完成，无须他人帮助。

3. 发明内容

为了克服现有马桶不能解决无臂残疾人员独自上厕所的问题，本发明提供了一种腿控装置与马桶相结合的结构，来实现无臂人员独自上厕所的目标。

4. 技术方案

（1）本发明是一种无臂特残人员专用腿控卫生马桶，如图1-5所示，是在马桶1前方安装腿控装置2。所述腿控装置2包括冲水按钮3、烘干按钮4、换纸按钮5、卫生纸巾6、挂钩7、出纸转轴8和收纸转轴9。

（2）腿控装置2设置的按钮可分别控制冲水、卫生纸巾转动、烘干等功能。卫生纸巾6通过转轴控制转动更换，干净纸巾由出纸转轴8控制输出，脏纸巾由收纸转轴9控制回收。卫生纸巾6所在区域设计成凸台形状，方便擦拭屁股。

（3）使用方式为无臂人士利用挂钩7钩住裤子向下脱下，使用时坐在马桶1上双腿夹住腿控装置2，如厕完毕后坐在卫生纸巾6上方进行擦拭，卫生纸巾6在出纸转轴8和收纸转轴9带动下实现将干净纸巾替换，将脏纸巾转动至收纸转轴9处。出纸转轴8和收纸转轴9在换纸按钮5的控制下同时转动，然后用腿部先后夹住按压冲水按钮3和烘干按钮4控制冲水和烘干，最后利用挂钩7上提裤子完成穿裤子步骤。

（4）本发明可帮助无臂人员在没有他人帮助的情况下，独自完成上厕所的所有步骤，且控制简单易行，操作方便。

5. 有益效果

构思新颖、结构简单、方便实用，在不影响马桶正常使用功能的同时，帮助无臂人士独自完成如厕过程。

6. 具体实施方式

无臂特残人员专用腿控卫生马桶由马桶1和腿控装置2组成，腿控装置2包括冲水按钮3、烘干按钮4、换纸按钮5、卫生纸巾6、挂钩7、出纸转轴8和收纸转轴9。冲水按钮3、烘干按钮4、换纸按钮5分别控制冲水、烘干、换纸功能。卫生纸巾6通过转轴控制转动更换，干净纸巾由出纸转轴8控制输出，脏纸巾由收纸转轴9控制回收。卫生纸巾6所在区域设计成凸台形状，方便擦拭。

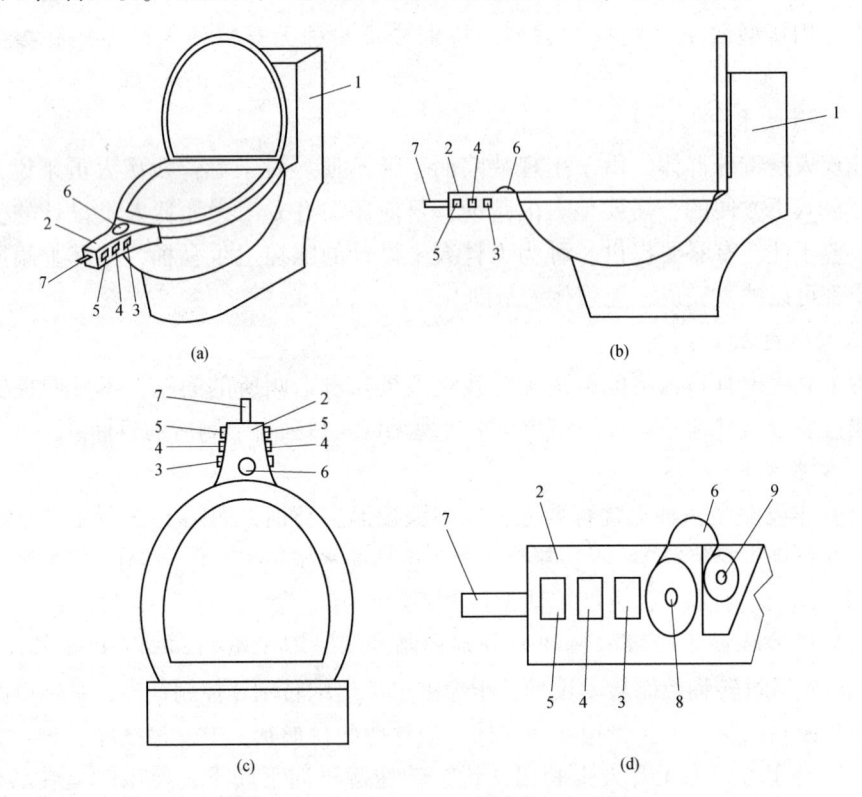

1—马桶；2—腿控装置；3—冲水按钮；4—烘干按钮；5—换纸按钮；6—卫生纸巾；7—挂钩；8—出纸转轴；9—收纸转轴。

图1-5 无臂特残人员专用腿控卫生马桶

(a) 整体结构示意图；(b) 侧视图；(c) 俯视图；(d) 腿控装置结构示意图

点评：现有残疾人马桶多为一般残疾人设计，没有为特残人员设计的专用卫生洁具。

本实用新型"一种无臂特残人员专用腿控卫生马桶"的创新点在于马桶前端采用凸台设计，能有效将各种控制键由后向前移，方便了因缺手缺脚或短手短脚者操纵键盘而控制翻盖、冲水。

1.6.5 发明作品实例5：一种乐器音乐笔盒

1. 技术领域

本实用新型属于玩具技术领域，尤其涉及一种乐器音乐笔盒。

2. 背景技术

音乐是人们喜爱的一种艺术，可是乐器常常由于体积较大而不方便携带。而笔盒是人们日常生活的一种必备物品，功能单一，基本不具备娱乐性，但是由于体积较小却相对容易携带。如果能制造出一种可以实现乐器功能的笔盒势必会为人们的生活增色不少。

3. 发明内容

本发明是一种乐器音乐笔盒，主要由笔盒上部、笔盒下部、小喇叭、键盘、电池盒、隔层、敲击乐器、敲击棒、导线、压敏电阻、芯片组成，如图1-6所示。

4. 技术方案

一方面，可以通过弹奏笔盒上部的键盘，使键盘下面的压敏电阻受到压力而将信号通过导线发送给笔盒下部的芯片，芯片通过处理后可以控制小喇叭发出对应的声音。另一方面，可以通过架设在上下笔盒之间的隔层上的敲击乐器来演奏音乐，只需要用敲击棒去敲打隔层上的敲击乐器便可以直接发出声响，而其本身也可以作为一个笔盒使用。

5. 有益效果

使用简单，娱乐性强，可供多人使用，功能丰富。

6. 具体实施方式

图1-6（a）中，笔盒上部1和笔盒下部2连接在一起。在笔盒上部1的边缘安装有一排横向的键盘4，在键盘4的旁边安装有一个小喇叭3，在笔盒下部2安装有一个电池盒5。

图1-6（b）中，隔层6原本被架设在笔盒下部2。当笔盒打开后，可以将隔层1从中取出。在隔层6的中央部位安装了一排横向的敲击乐器7，并附上了一个

敲击棒 8。

图 1-6（c）中，电池盒 5 通过导线 9 向芯片 11 供电，芯片 11、小喇叭 3 等都在笔盒上部 1。压敏电阻 10 安装在每个键盘 4 的下面，并且压敏电阻 10 和小喇叭 3 都是通过导线 9 和芯片 11 连接在一起的。

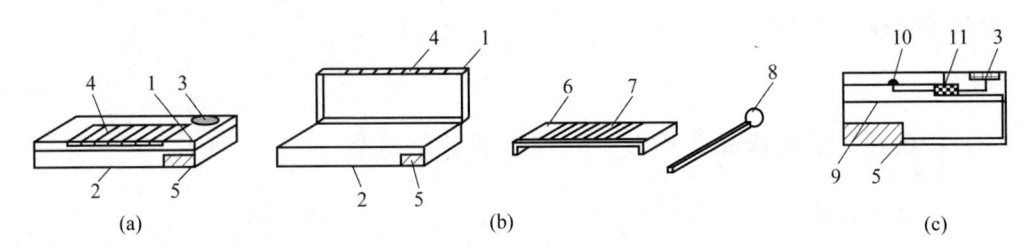

1—笔盒上部；2—笔盒下部；3—小喇叭；4—键盘；5—电池盒；6—隔层；
7—敲击乐器；8—敲击棒；9—导线；10—压敏电阻；11—芯片。

图 1-6　乐器音乐笔盒
(a) 整体外观示意图；(b) 分解后的示意图；(c) 侧面剖视图

点评：由于 MP3、手机等新型电子产品大量冲击市场，音乐盒播放音乐的功能早已被代替，其功能、外观设计也已日新月异。目前，音乐盒大多作为礼品使用（情人节礼物、生日礼物、婚庆礼品、圣诞节礼物、儿童节礼物等）。

本发明的创新在于活学活用，能将音乐盒与笔盒结合而生成新用品"乐器音乐笔盒"。

生活中还有很多物品都存在着单一性，都可进行改良和再创造，如笔记本、日记本、化妆盒、首饰盒等。

1.6.6　发明作品实例 6：一种藏在柜子里的床

1. 技术领域

本发明属于家具技术领域，尤其涉及一种藏在柜子里的床。

2. 背景技术

床是每个家庭必备的物件，但是有些家庭居住面积有限，多一张床就会占用大量的面积和空间，所以需要一种可以随时折叠的床。

3. 发明内容

针对上述存在的问题，本发明提出一种藏在柜子里的床，主要由柜子、抽屉门、床架、支撑脚、转动装置、支撑脚转动装置组成，如图 1-7 所示。

4. 技术方案

使用时，只需将抽屉门 2 拉开，将连接在抽屉门 2 上的床架 3 通过转动装置 5

伸展开来，并且将支撑脚4通过支撑脚转动装置6打开。如此，床的一端可以通过支撑脚4支撑，另一端可以通过柜子1支持。由于柜子1有多级抽屉门2，所以也就有多级床，可以根据喜好选择自己喜欢的高度来睡。不使用时，只需将床通过折叠收回柜子1中即可。

5. **有益效果**

使用简单，有多级不同高度的床，占用体积小，可实现隐藏。

6. **具体实施方式**

图1-7（a）中，柜子1上平行设置有多级抽屉门2。

图1-7（b）中，打开后，床架3的一端连接在柜子1上，另一端是通过支撑脚4支撑在地面，在床架3的中间安装有一个转动装置5。

图1-7（c）中，隐藏时，床架3通过转动装置5折叠在一起，支撑脚4也是通过支撑脚转动装置6折叠起来，整个床体都安放在一个抽屉的柜子里面，而且每一个抽屉里面的床架的支撑脚4不同，越往下，支撑脚越短。

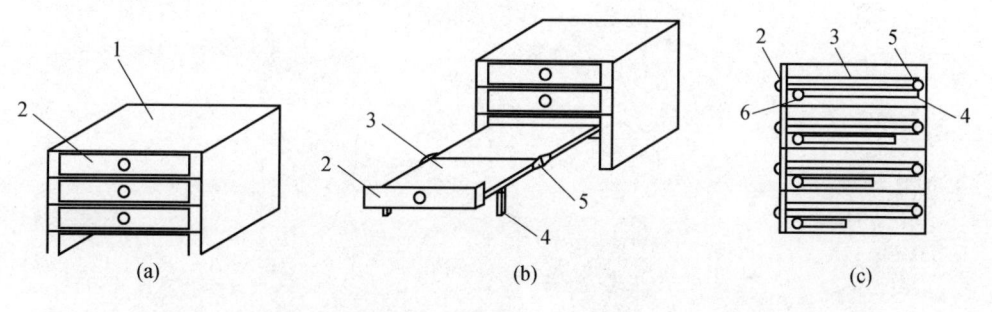

1—柜子；2—抽屉门；3—床架；4—支撑脚；5—转动装置；6—支撑脚转动装置。

图1-7 藏在柜子里的床

（a）整体外观示意图；（b）使用时的示意图；（c）侧面剖视图

点评：床，一个既普通又实用的家具，在发明家的手里变成了变幻无穷的艺术品。通过收与藏、折与叠实现了将小（房）变大、将窄（地）变宽的目的。

发明者设想通过床板折叠的方式来实现收藏（隐形）的目的，但是该发明仍存有一些疑问待解决，如抽屉式折叠的柜子厚度（柜子的厚度一般为50 cm）是否能满足折叠床的尺寸要求；另外，折叠处与床板是否能保证一样平整，折叠处能否承受百余斤的重量而不变形；床每天需折而收藏是否多余，与人们快捷的生活能否相匹配；床的外观设计还需要改进，可借鉴一下睡袋的优点。

建议：可考虑将柜子的抽屉由水平变成垂直，这样一来，柜子（180~200 cm）就能满足不折叠就能从窄处插入柜子（像书插入书架一样）。

本章小结

本章主要介绍了"发明"二字的含义及发明的意义；通过发明人的发明事例，剖析了"人为什么要发明"；阐述了发明人具备发明的特性及特征，并列举和正确区分发明的类别。

思考题

1. 什么是发明？它的定义是什么？
2. 发明分哪两种？它们之间的区别在哪里？
3. 发明的意义在哪里？
4. 人为什么要发明？
5. 发明人要具备哪些特征？

第 2 章

发明方法

2.1 发明方法概述

2.1.1 发明方法的概念

发明的方法就是创造学家根据创造思维发展规律总结出的创造发明的一些原理、技巧和方法。这些创造技法还可以在其他创造过程中借鉴使用,能提高人们的创造力和创造成果的实现率。

总结创造活动中所具有的一些技巧、方法,并不是在创造学诞生之后才开始的。相反,正是由于前人总结出许多有关创造发明的技巧和方法,才促使了创造学这门学科产生。同时,随着创造技法不断地被总结和发现,创造学才得以不断发展成熟。

关于发明的方法有多少种,全世界都没有统一的说法,大体来说有一百多种,但常用的只有十余种。

发明的方法就是发明人在发明过程中对发明技巧的总结和完善,也就是对发明方法运用过程的体验过程。而方法发明,却是指为制造产品或者解决某个技术问题而创造的操作方法和技术过程。此方法可以是化学发明的方法、机械发明的方法,也可以是通信发明的方法及按工艺规定的顺序所描述的方法,比如造纸发明的方法、炼钢发明的方法、印刷发明的方法、通信发明的方法等。

方法发明可以申请专利,称为方法专利,并可依法占有。

2.1.2 什么是TRIZ

TRIZ是发明问题解决理论的缩写，是由苏联发明家根里奇·阿奇舒勒（Genrich Altshuller）在1946年创立的，阿奇舒勒因此被尊称为"TRIZ理论之父"。

1946年，阿奇舒勒开始研究发明问题解决理论。在处理各国著名的发明专利的过程中，他总是思考这样一个问题：当人们进行发明创造、解决技术难题时，是否有可遵循的科学方法和法则，能迅速地实现新的发明创造或解决技术难题呢？答案是肯定的！阿奇舒勒发现，任何领域的产品改进、技术的变革和创新，与生物系统一样，都存在产生、生长、成熟、衰老、灭亡，是有规律可循的。如果掌握了这些规律，就能能动地进行产品设计并预测产品的未来趋势。在以后的数十年中，阿奇舒勒都致力于TRIZ理论的研究和完善。在他的领导下，苏联的研究机构、大学、企业组成了TRIZ的研究团体，分析了世界近250万份高水平的发明专利，总结出各种技术发展进化遵循的规律和模式，解决了各种技术矛盾和物理矛盾的创新原理和法则，建立了一个由解决技术实现创新开发的各种方法、算法组成的综合理论体系，并综合多学科领域的原理和法则，这就是TRIZ理论体系。

阿奇舒勒和他的TRIZ研究机构提出了TRIZ系列的多种工具，如冲突矩阵、76个标准解、ARIZ、AFD、物质-场分析、ISQ、DE、8种演化类型、科学效应等，常用的有基于宏观的矛盾矩阵法（冲突矩阵法）和基于微观的物场变换法。事实上，TRIZ针对输入输出的关系（效应）、冲突和技术进化都有比较完善的解答。

矛盾（冲突）普遍存在于各种产品的设计之中，按传统设计中的折中法，冲突并没有彻底解决，而是冲突双方取得了折中方案，或称降低了冲突的程度。TRIZ理论认为，产品创新的标志是解决或移走设计中的冲突，从而产生新的有竞争力的解。设计人员在设计过程中不断地发现并解决冲突是推动产品进化的动力。

技术冲突是指一个作用同时导致有用及有害两种结果，也指有用作用的引入或有害效应的消除而导致一个或几个系统或子系统变坏，常表现为一个系统中两个子系统之间的冲突。

现实中的冲突是千差万别的，如果不加以归纳则无法建立稳定的解决途径。TRIZ理论归纳出了39个通用工程参数描述冲突。实际应用中，首先要把冲突双方的内部性能用这39个工程参数中的至少2个来表示，然后在冲突矩阵中找出解决冲突的发明原理。

TRIZ有九大组成部分，核心是技术进化原理。按照这一原理，技术系统一直处于进化之中，解决矛盾是其进化的推动力。TRIZ理论也可大致分为三个组成部分：TRIZ 的理论基础、分析工具和知识数据库。其中，TRIZ 的理论基础对于产品的创新具有重要的指导作用；分析工具是 TRIZ 用来解决矛盾的具体方法或模式，使 TRIZ 理论能够在实际中应用，包括矛盾矩阵、ARIZ 发明问题解决算法等；而知识数据库则是 TRIZ 理论解决矛盾的精髓，包括矛盾矩阵（39 个工程参数和 40 条发明原理）、76 个标准解决等。

TRIZ 中的发明原理是由专门研究人员对不同领域的已有创新成果进行分析、总结得到的具有普遍意义的经验，对指导各领域的创新都有重要参考价值，目前常用的发明原理有 40 条。实践证明，这些原理对于指导设计人员的发明创造具有重要的作用。当找到确定的发明原理以后，就可以根据这些发明原理来考虑具体的解决方案。应当注意的是，尽可能将找到的原理都用到问题的解决中去，不要拒绝采用任何推荐的原理。假如所有可能的原理都不满足要求，则应该对冲突重新定义并再次求解。

学习、研究、应用、推广 TRIZ 理论可以大大缩短发明创造的过程，提升产品的创新水平。经过半个多世纪的发展，尤其是进入 21 世纪，TRIZ 理论已经成为一套解决新产品开发实际问题的成熟的理论和方法体系。

2.2 发明的方式方法及发明活动心理过程

2.2.1 发明的方式方法

阿尔弗雷德·诺斯·怀特海（Alfred North Whitehead）曾经说过，只有当人类发明了发明的方法之后，人类社会才能快速地发展。

作为一个发明家，不但需要努力工作和克服困难的决心，还需要具有一个很大的想象空间，并能坚持下去。

1. 随时记下想法

随身携带一本笔记本电脑，把想法写下来，比如它看起来像什么，或用几句话解释它是如何工作的。

2. 弄清原理和学会修复

如果想进行某一方面的发明，就要清楚相关的工作原理和修复业务，例如了解如何修复电视、电脑、开罐器、自行车等。如果撤除某些部件，须确保自己可以修复它，知道它是如何工作的。

3. 认真思考

认真思考以下问题。

(1) 这将如何使我或我身边的人受益？会改变世界或改善生活吗？
(2) 这是一项发明，很多人会需要或想要吗？如果是这样，为什么呢？
(3) 这是可能的吗？
一旦已经回答了所有的问题，确实有可能，就去工作。

4. 为你的发明获取工具

你需要做一个列表，列出发明需要的工具、设备和场地。你可能想建立一个实验室，发明家的实验室可以在你的车库。

5. 把你的计划付诸行动

把计划付诸行动是整个工作的关键。任何一个计划，如果不采取行动，就像只有设计图纸而没有盖起来的房子一样，只能是空中楼阁。行动是一件事情成功的关键所在，是变目标为现实的关键。虽然行动并不一定能带来令人满意的效果，但不采取行动是绝无结果可言的。

2.2.2 发明方法的特点

很多时候，我们头脑中的灵感和创意就是偶然的，在看到某件事物、某个东西时突然有了某种想法。要想发明以及持续地研究，就要不断地学习、研究、实践、修正、改进、再实践。长期实践积累形成的思考模式与方法，也就是发明方法。

发明是新事物取代旧事物的过程，但发明方法不是新方法取代现有方法的选择。新技术、新方法的出现，并不意味着旧方法的淘汰。就像电灯技术的出现，也许会导致蜡烛的消失，但并不代表蜡烛发明方法的消亡。所有的发明方法最终都是一种并存的趋势。

发明是永远革新、永远前进、不因循守旧的，这是古今中外发明家与学者们的共同风格。发明创造的过程无不曲折，但只要有实事求是的科学态度和严谨的科学作风，以及百折不挠的科学精神并勇于实践，就一定会取得成功。

2.2.3 发明活动的一般心理过程

技术发明的目的就是要创造出新的事物和方法。在技术发明的过程中，创造思维贯穿始终。

从创造心理上分析，人们发明活动的心理过程一般可分为四个阶段：准备、酝酿、顿悟、验证。

第一阶段，准备。

准备是创造思维围绕着问题收集材料，决定着创造思维以后的发展方向。

要想发明，首先要对发明的对象有深刻的了解。这就需要有第一手的资料和与其有关的技术等方面的材料。这些材料要靠发明者观察、分析、探索实际问题来获得。同时，要研究收集与此有关的技术资料、前人申请专利的情况、社会需求情况等。在此基础上，研究发明的方向和解决问题的关键。对这些资料进行分析、比较、综合，使发明的对象概念化、图像化和可视化。

这一阶段发明者的状态是：高度紧张，全神贯注，努力对对象进行深入的了解和探讨。

第二阶段，酝酿。

这是探索解决问题的方法的潜伏期，常常需要较长的时间。针对掌握的问题和收集的资料，发明者常常需要借助发散性思维（也就是求异思维、扩散思维），就是不依常规，寻求变异和多种答案的思维形式，广开思路，从不同方面去思考，分析、比较、综合，寻找解决问题的最好方法。

这一阶段如同酒的酝酿，使之趋于成熟。虽然不如第一阶段紧张，但人的思维却时刻不停，考虑一个个方案，比较它们的优缺点；寻找解决问题的一个个方法，判断它们的可能性。

第三阶段，顿悟。

这是发明的具体解决问题的明朗时期，也称为灵感期。

在酝酿阶段的冥想苦思中，突然灵感闪现，找到解决问题的关键方法，使整个发明难题迎刃而解。灵感在技术发明活动中的作用是十分突出的。它是人们在自觉或不自觉地想着某一问题时，在头脑中突如其来地产生一种使问题得到解决的想法。

如果对某一问题进行了长期研究，但百思不得其解，不如将其暂时搁置起来，去做一些与它无关的事，因为一般做一些轻松愉快的事更容易产生灵感。

第四阶段，验证。

这是对发明成果进行实际验证，判断其是否正确，并寻求更科学、更合理的创造途径的阶段。为了完成发明，需要不断地思索和探求，全力以赴，使发明成果更加完善。

2.3　常用的发明方法

我国的专利法规定，方法专利的保护延及进口或者在我国境内使用或者销售的直接使用该方法获利的产品。这意味着，未经方法发明专利权人的许可，任何单位或者个人不得使用其专利方法，以及使用、销售依照该专利方法直接获利的产品。

常用的发明方法有以下几种。

2.3.1 缺点列举法

1. 基本概念

缺点列举法就是通过发现事物的缺点和不足，并将其一一列举出来，然后找出改进的重点，提出新的设计方案。

日常生活中，使用的东西不可能都是十全十美的，即使是工厂里正在生产的各种产品或是市场上正在销售的各种商品，也不是完美无缺的，它们都或多或少地存在着这样或那样的缺点。但是人们往往有一种惰性，就是对于常见的事物，顺其自然，很少研究它们有什么缺点和不足。如果对经常使用而又十分熟悉的物品采取"吹毛求疵"的态度，并且深究它们的缺点，分析这些物品在使用时不尽合理的地方，开动脑筋，找出它们的缺点并加以改进，就会成功地创造出一项发明来。

缺点列举法要围绕一种现有物品列出它的缺点，再针对列出的缺点提出改革设想，这些设想是以现有物品的原型为"模特"，是一种既简单又有效的方法。

列举缺点时，要从各个不同的角度去观察、质疑。列举缺点实际上就是发现问题，所以，每当发现一个缺点、提出一个问题的时候，也就是找到了一个发明的课题。

能不能使用缺点列举法，关键在于能不能不断克服安于现状和惰性的心理。努力培养和提高善于发现问题、提出问题、解决问题的能力，勇于创新，就能发现无数发明课题就在自己身边。

2. 如何进行缺点列举

（1）培养自己敏锐的观察力，随时留意日常事物的不足，留意周围人们对某种物品的反应，并把这些所见、所闻、所思及时记录下来。

（2）到工厂、商店等处做产品调查（主要是自己易于理解的日用品）。这样不仅可以了解大量的新产品信息，还可以在调查分析的基础上及时发现某些商品的不足，从而找到最新的发明课题。

（3）经常同自己的朋友一起召开"信息火花会"，对所发现的问题进行评议，交换各自对所发现问题的看法，以便抓住发明创新的重点，确定主攻目标。

(4) 有针对性地发现缺点。有个重要的技巧就是看看身边使用的东西，是否有什么不方便、不顺当、不如意的地方，这些缺点就是可以改进的地方。有很多东西，当你看惯了，就会认为没有什么值得改进和发明的，可是用新的眼光去看它时，同一个事物就会有不同的看法。比如，塑料袋虽然轻便，但从另一个角度来看，它会带来大量白色污染。

3. 为什么事物总是有缺点

(1) 局限性。

设计产品时，设计人员往往只考虑产品的主要功能，而忽视其他方面的问题。比如，厨房里使用的锅，烧煮食物是它的主要功能。但是，当用它煮汤、羹类的食物时，它的局限性就暴露出来了，因为锅的上口太宽，不便倒入小碗。有人根据这个缺点设计了"茶壶锅"，是把上口宽的锅与倒水方便的茶壶巧妙地结合在一起而制成的，似锅似壶，一物多用。

(2) 时间性。

有的产品刚发明时很好看、很好用，但过些时候，或者是人们看厌了，或者是产品不好使了，或者是随着科学技术的进步，它落后了。如一位日本商人靠发明玩具小狗而发家，但是人们看久了就没有新鲜感了。有人便想出一篮双狗的主意，把两只这样的小狗并排放在塑料小篮中，小狗前肢搭出篮缘，姿态可爱。这个简单的发明抢了日本商人的生意。

再如热水瓶，以前人们总是用锅烧开水，再倒进热水瓶。随着科技的进步，可用电热器直接对热水瓶里的水加热、烧开，更方便。

只要注意观察，产品的缺点是不难发现的。所列举的缺点不可能都是很成熟的观点，但经常记录就增加了发明选题的灵活性和设计成熟方案的可能性。

★案例1

多头手电筒

如果在漆黑一片的环境中走路，只有一个手电筒虽然要比没有好得多，但是也并不见得能让行走的步伐加快多少，因为单个的手电筒只能照亮一个方向，而人们不仅要看清前面的路还要同时兼顾脚下。如果只有一个手电筒就只能在脚下和前方之间不断切换，容易出意外。多头手电筒就可以解决这个问题，如图2-1所示。

技术创新理论与实践

图2-1 多头手电筒

点评：原有的单孔手电筒难免出现只照别人、难照自己的不足，为此找到问题所在再进行反向设计，问题就能得到解决。

★案例2

瞳孔鼠标

进入瞳孔的光线通过视网膜反射，其中一部分带有方向性，并返回到光源的位置。根据光的这种特性，研究人员在电脑显示器旁把近红外发光二极管摆成两个环状光源，并在环状光源处安装摄像机，拍摄人的脸部，从而发现两个瞳孔盯在显示屏的位置。转动眼睛，电脑显示器上的光标就可跟着移动；眼睛眨一下，就能链接想进入的区域。这就是日本静冈大学工学系海老泽嘉伸教授发明的"瞳孔鼠标"的神奇之处。

点评：对于四肢健全的人来说，操作电脑十分简单，但对于缺失手臂的残疾人而言，操作电脑就十分困难。"瞳孔鼠标"的发明为解决这一问题找到了好办法。

★案例3

"帮你钉钉子"

钉子吸附在工具的顶部，含有磁性，可以防止人们在钉钉子的时候被榔头砸到手指，如图2-2所示。

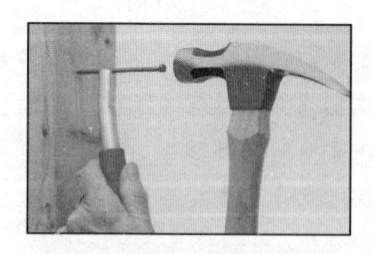

图2-2 "帮你钉钉子"

点评：发明源于不足，不足产生灵感，小小的改进魅力无穷。

2.3.2 迎合需求法

迎合需求法就是根据社会的需求和人们的希望去发明。

领导美国阿波罗登月计划的詹姆斯·韦伯（James Webb）说："我们所用的技术，都是已有的、现成的，关键在于综合。"

通常，在仔细观察自然规律的基础上，从生产、生活、学习的需要出发，依据人们的某种希望，下功夫进行探索、研究，就会提出新的技术方案从而创造出成功的发明来。

人们外出旅行，希望携带轻巧方便的物品，于是多种旅行用品应运而生，如带轮子的旅行包、折叠剪刀、折叠草帽、迷你旅行洗漱用具盒等。现代生活和工作讲求快节奏、高效率，于是就有了方便面、快餐店、邮政特快专递等。

此外，各种各样的家用电器新品种，如空调扇、洗碗机、节能灯、防盗报警装置等，都是基于人们的某种需求而脱颖而出的。因此，学习掌握迎合需求法对于寻找发明目标非常重要。

★ 案例1

"妈妈的手"

这款羊毛绒靠垫会让小宝宝们倍感舒适，因为靠着它就如同躺在妈妈的怀抱里，如图2-3所示。妈妈们还可以在靠垫上洒上自己常用的香水，让小宝宝有身临其境的感觉，妈妈就可以不用再那么辛苦了。

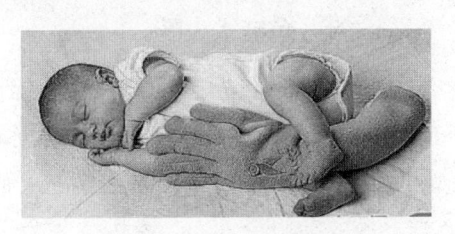

图2-3　"妈妈的手"

点评：这款羊毛绒靠垫会让小宝宝们倍感舒适，因为靠着它就如同躺在妈妈的怀抱里，正是应用迎合需求法解决小宝宝们睡觉离不开"妈妈的手"的问题，达到"以假乱真"的效果。

★ 案例2

唇膏模板

戴上这种唇膏模板，即使闭着眼睛也能画出完美的唇妆，如图2-4所示。那些总是将唇膏涂到嘴唇外的女士不用再烦恼了。

图2-4 唇膏模板

点评：涂口红难免因"越界"造成烦恼，而唇膏模板就是运用了迎合需求法解决问题。

★ 案例3

高效热能器

一台小小的热能器，同时具有煤气灶、热水器、取暖器的功能，对热能的利用率达85%。热能器中的水烧开后，可有多种用途：拧开热能器上的水龙头，里面的开水就会流出，可饮用；还可通过微型水泵，输送至与暖气片相连的水管，为整栋小楼集中供暖。

这种热能器可用煤气、液化气、油、木炭等作燃料。70千克的水在30分钟内便可烧开，特别适合家庭使用。

点评：家中煤气灶、热水器、取暖器等用具很多，造成气源罐很多，十分不便。而"高效热能器"简便易行，很好地解决了这一问题。

★ 案例4

鱼缸式头罩

英国苏格兰爱丁堡龙比亚大学产品设计系的学生发明的"交流泡"外形就像一个圆圆的玻璃鱼缸，可以屏蔽周围的声音，佩戴者只要互相凑近就可以聊天。

"交流泡"有两种型号：体积稍大、可以固定在桌子上的情侣款和直接戴在头上的单人款。

点评：发明者巧妙地将鱼缸与头罩进行组合，轻松地解决了"私密聊天内容容易被别人听到"的难题。

2.3.3 自由联想法

联想发明法是依据人的心理联想而发明的一种创造方法。

在日常生活中或学习工作中看到、听到、感受到某种现象A，随时把它同所要研究解决的问题B联系起来，想象把A的一部分结构、一种原理或方法运用于B，从而创造出新的东西来,这种发明创造方法就叫自由联想法。

把不同问题、不同现象、不同科学原理或不同技术统一起来进行考虑的思维方法就是联想。联想能力就是把旧观念同现实结合,进而产生新观念的能力。联想能力强的人往往有更大的成功可能性。

联想可以在特定的对象中进行,也可在特定的空间中进行,还可以进行无限的自由联想。而且这些联想都可以产生新的创造性设想,获得创造的成功。

联想是随时随地可能在人们的头脑里产生的,有相似的联想、接近的联想和对比的联想三种。发明者在时间、空间上联想到比较接近的事物,从而设计新的发明项目,就叫接近联想法。例如,用脚踢的球叫足球;用手打的球叫手球;用手推的球有排球、篮球、乒乓球、桌球等。相似联想有自动开伞→自动扩缩衣架、电饭煲→电水壶、电热毯→电热衣,节能灯→节能扇;相关联想有儿童→儿童自行车、儿童毛巾、儿童牙膏,教师→无尘粉笔、电动黑板、教师多功能包、教师手表等;对比联想有女用化妆品→男用化妆品、冷空调→热空调,链条传动→无链传动等。

广泛自由的联想,可以使我们受到更多信息的启发,加速发明的进程。要做到善于联想,就要努力使自己具有更广博的学识、丰富的阅历,并要善于突破传统思想和习惯的束缚。

★ 案例1

智能轮胎

美国研究人员发明了一种智能轮胎,可灵敏感应轮胎受损情况,预先向司机发出潜在危险警告。轮胎内置的一个芯片可收集探测到的轮胎各层信息,分析轮胎是否有漏气等危险,并报告给司机,如图2-5所示。

图2-5 智能轮胎

点评:这个发明的灵感源于频频出现的爆胎事故,发明者采用"相似联想法"在轮胎内置一个芯片,收集轮胎各层信息,方便实用。

★案例2

自助体检机

站在"自助体检机"前,只需要轻按几下按钮,按照提示将手放在检测口上,不到1分钟,一份体检报告就会打印出来。如果需要进一步检查,可以通过体检机预约医生,甚至可以通过屏幕与值班医生进行视频沟通。

点评:"自助体检机"好在不用去医院排队挂号看医生,采用自助、快捷的方式进行体检,可随时了解自身病情又可最大限度地保护自己的隐私。

2.3.4 加一加法

加一加法就是将两种物品的优点相加,使之更优。当我们进行某项创新活动时,可以考虑在这件事物上还能添加什么,比如在原有基础上扩大一些、增加一个部分、增加一种性能,使原物品有所更新,从而创造出一种很有意义的新发明。

例如,原子弹是一种威力巨大的核武器,引爆后能在极短时间内释放出巨大的能量,造成大面积的冲击。因此,原子弹的制造和安全存放是个大问题。科学家们发现,原子弹的爆炸原料有一种特殊的性质:当铀块体积不够大时,链式反应不能发生,它无法爆炸,只有当其体积超过了它的临界体积时,才能发生链式反应,并引起爆炸。因此,制造原子弹时,先要把铀块分成两小部分并隔开储藏在两端。需要使用时,先点燃引爆装置(普通炸药),引爆装置小,爆炸产生的压力使两部分铀块加在一起,超过临界体积,则立即发生铀的链式反应,发生爆炸。这种引爆技术及装置可谓是加一加原理的绝妙范例。

应用加一加原理发明,还可以从多角度去思考。

(1)加大尺寸。比如客运大巴、轮船、飞机制造得越来越大,其作用不仅是可以多载一些乘客,更重要的是可以增加饮食、卫生、娱乐等其他设施,其功能已超出了交通工具的单一作用,给人一种居家的轻松之感。

(2)增加强度。例如,一家袜子制造厂采用特别加厚袜子脚跟部分及脚尖部分的生产工艺,因而获得好评,使其销售额直线上升。

(3)添加一种原料。例如,在普通钢铁中加入一定比例的铬和镍,由此发生了不会生锈的合金钢——不锈钢;用二氧化碳加压溶于水中,就制成了可以消暑解渴的汽水。

(4)增加频率。比如,要在水泥墙上钉钉子,采用轻敲快敲的办法钉得最牢,这也是增加频率而产生的意料之外的效果。

另外,还有延长时间、增加特性等。

第 2 章　发明方法

世间万物千差万别，那些看似毫无关联的事物，如果能够把它们联系起来或者相加，或许就是一条发明创造的新道路。从最初的思考到实际的制造，在原理、技术上需要深入探索和创新，要使新的物品比原有物品具有实质性的改进和明显优点，这才是加一加的真正含义。

★ 案例 1

钢笔、直尺、圆规三合一

为了让携带和使用更为方便，将圆规、直尺集合到了钢笔身上，三者合一。平常作为普通钢笔使用，需要测量和画圆的时候，把它 90°拉开来，借助可移动的圆规点，即可轻松实现操作。

点评：将圆规、直尺集合到钢笔身上，更方便携带和使用，三者合一就解决了使用不便的问题。

★ 案例 2

17 个猪鼻子插座

数码设备越来越多，插座越来越不够用，而且有时一个电源插头要占用两个插孔。

一个接线板最多 12 个插孔，而这个接线板的外形就像粉红的小猪猪，但是鼻子很多，这些鼻子都是电源插孔，合计 17 个，而且相互之间保持有合适的距离，一个插头占用两个插孔的问题不再会有，也具备电力过载保护，如图 2-6 所示。

图 2-6　17 个猪鼻子插座

点评：这项发明就是利用"加"解决了生活中插孔数不够用的问题，是加一加法运用的范例。

★ 案例 3

太阳能笔记本电脑

太阳能笔记本电脑采用的是柔性 OLED 触摸屏，打开是一个整块的屏幕，合起来后密封性非常好，边框采用类似橡胶的材质，还配有防水拉链，完全就像一个公文包，如图2-7所示。另外还配有4G通信模块，顶部有3个摄像头。背面采用非晶硅太阳能电池，大面积的太阳能板可以给笔记本提供充足的电力，甚至可以通过USB给其他设备充电，如手机、相机、MP3等，还有一个小窗口，可以显示各种信息，如信号、电量、时间、新信息等。

图2-7 太阳能笔记本电脑

点评：这项发明就是将太阳采光板与电脑上盖相加，虽然简单，但为电脑持续供电找到了好办法。

★ 案例4

能一起互动的黑板咖啡桌

在咖啡桌中间有3块黑板，可以翻动，正常的木质桌面翻动就变为黑板，还预留有放置粉笔的位置。这就是一张互动的咖啡桌。

点评：这种发明的确为商人利用桌间黑板交流信息、讨价还价、保密提供了方便。"能一起互动的黑板咖啡桌"也是运用加一加法的创新实践之佳例。

★ 案例5

化学扑克

驻马店平舆县的王怀忠老师发明了一种"化学扑克"，并自创了"化学扑克"的专用玩法，让学生轻松记住化学学科的知识。

王老师看到学生们打牌时兴趣盎然，就想着如何能把化学知识与扑克牌相结合。经过一年多的研究，王怀忠在2007年自制了"化学扑克"，每盒108张，扑克的序数就是1~20号元素的核电荷数，一张牌两个数字，而且能打"双升"。

经实验，他发现玩扑克牌学生的化学成绩明显更好了。王怀忠说："看来，没有笨学生，只有笨老师。"为此，他专门申请了专利。

点评：王怀忠老师的发明不但解决了部分学生不爱学习的毛病，而且通过玩扑克的方式增强了学生的学习积极性。

★案例6

风扇汽车

2009年1月,一队英国探险家从伦敦启程,驾驶一辆空中飞车——"风扇汽车"前往非洲马里的通布图。这次冒险之旅持续大约一个半月,途经欧洲大陆,横跨直布罗陀海峡,越过摩洛哥,穿越撒哈拉沙漠,最终到达非洲马里北部的通布图。

点评:将伞与车相加就变成了能飞的车,如果在此基础上再联想一下,可不可以变成一种高楼安全逃生伞呢?

2.3.5 减一减法

减一减法与加一加法的思路相反,将原来的产品简化一些,如删减、减少、减轻、缩小、压缩、变窄等,其功能用途并没有减少,甚至还产生了新的优点和用途。

运用减一减技法进行发明创造,可以从以下几个方面打开思路。

(1) 删减。删除或减少物品的某个部分后,使用效果并不改变。例如,从古至今使用的算盘,结构一直是每行下面5粒子,上面2粒子,直到有人推出下面只需要4粒、上面1粒的新结构,人们才发现,这样简化后其实更好用。

(2) 省略。省略物品的某种成分,有时也能产生积极的作用。例如,无跟袜的发明,不仅简化了生产工艺,节约了成本,还因为这种袜子可以上下左右换着穿,使磨损变得更均匀,使用寿命比原来的袜子更长。

(3) 减轻。减轻物品的重量,在很多场合是非常必要的。制造飞机的材料,应该是越轻越好,于是发明出铝合金;拍电影用的房屋等道具应选用轻质泡沫材料制作;砌墙使用的多是空心砖,不仅减轻了大楼地基的承重,而且保温效果更好。

(4) 缩小。随着科学技术的日益发展,东西可以做得越来越小巧,这样更加方便携带和使用,也更能节省材料和节约能源。比如,微型电风扇、迷你U盘、掌上电脑、微型打气筒、微型机器人等。

(5) 压缩。采用加压或折叠等办法,使物体形状由大变小,使用时亦可自然变大恢复原状。例如,把煤气加压变为液化气,体积缩小了几百倍,给运输和贮存带来极大方便;还有折叠伞、卷尺、伸缩手杖等。这些物品都采用压缩、折叠的办法改变物体大小,方便储存、携带。

(6) 浓缩。运用物理或化学反应原理让物品变小、变精,使其功效更好,使用起来更迅速、更方便。例如，压缩饼干、浓缩果汁、糖精、味精、醋精等。浓缩产品更能适应现代社会快节奏的生活。

此外，还可以集中起来，比如隐形眼镜，就是将原有的镜片减薄、减小，并减去了框架而发明的，轻便而美观。

★案例1

独轮摩托

在多伦多国际摩托车展上亮相的"独轮"摩托车恐怕会让普通的双轮摩托车黯然失色。加拿大安大略省的青年本·古拉克发明的这款环保摩托车以其独特的设计和超炫的造型，成为加拿大多伦多国际摩托车展上耀眼的"明星"。这款名为Uno的摩托车看似单轮，其实是两个轮并排，如图2-8所示，优点是两轮独立运作，有独立的悬挂系统，有助于转弯。Uno便于拿进升降机和室内，更可用家居交流电充电，非常环保。Uno每次充满电可行驶2.5小时，可作为近距离交通工具。

图2-8 独轮摩托

点评："独轮摩托"的发明亮点在于"转移"，即将前后轮并列为左右轮，这是一种大胆的创新。

★案例2

没有扇叶的风扇

这台风扇是根据气流工程原理使空气穿过一个具有能源效率的无刷引擎基座，如图2-9所示，使气流增强15倍，再使空气从螺旋桨状的旋道排出，这样就产生了风力。

(a)　　　　　　　　　　　　　(b)

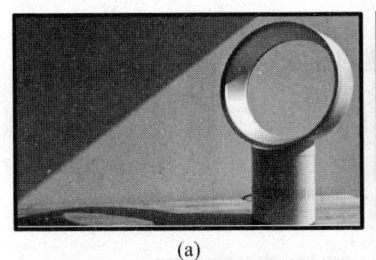

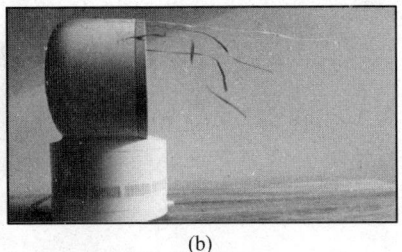

图 2-9　无叶风扇

点评："没有扇叶的风扇"代替有叶风扇是科技的进步，是发明方法中"减一减法"的成功运用。生活中应该学会仔细观察事物的合理性，有优点就保留，有缺点就减掉，这就是方法中的方法。

2.3.6　变一变法

改变现有事物的形状、尺寸、材料、结构、颜色、气味等，可能使其产生新的特性，成为一种更科学、更先进的物品，这就是变一变发明法。

这种方法的发明思路更富有多样性，产生的效果也可能更优异。例如形状的变化，就可以有圆变方、方变圆、直变弯、条形变卷曲、实心变空心、颗粒变粉末等。

(1) 改变形状。有人设想把自行车的链轮由现有圆形改变成椭圆形，用这种椭圆形链轮驱动，骑车者会感到更轻松一些，特别是在有一点坡度的路上更是如此。经过技术测试，这种形状的链轮有助于增加推力，机械效率可提高 10% 左右。电灯泡里的灯丝由早先的线条状改变为螺旋卷曲状，电流的热能能更集中，也就更加省电。

(2) 改变味道。过去，瓜子的味道很单一，现在市场上的瓜子百味俱全，有五香、奶油、薄荷、辣味、怪味……满足人们不同的口味需求。

(3) 改变颜色。收音机、钱包、钢笔、电冰箱等物品，很多都改为透明的外壳，让人透视其内部结构及运转过程，一目了然，方便有趣。

(4) 改变物品结构位置、顺序。电烤箱就是将电炉丝的位置从下面改装到了侧面或上面，很好地解决了烤物滴油在电炉丝上产生冒烟和焦味的难题。江河中的拖船，过去都是拖轮在前，货船在后，如果前后顺序变一变，改为在后面推着走，可提高速度，减少能量损失。

此外，还可从温度、强度、导电性、导热性、材料、环境等角度去思考，尝试变一变，都可能使原有事物产生重要的转化，创造出一种优秀的新产品。

★ 案例 1

可以用脚刷地的鞋底刷

鞋底刷可以让人们不用拿着刷子弯腰刷地,而且可以把全身的力气用在上面。鞋底装有硬毛刷,穿上它就能轻松愉快地完成卫生间地板的清洁工作,省时省力,如图 2-10 所示。

图 2-10 可以用脚刷地的鞋底刷

点评:这项发明的灵感来自日常生活,穿上它就能够轻松愉快地完成清洁工作。

★ 案例 2

驱蚊方法的变革和进步

(1) 盘形蚊香。

盘形蚊香是最古老的天然药物驱蚊方式。现代蚊香中所含的有效成分是除虫菊酯,它有驱杀蚊虫的作用。蚊香点燃后,除虫菊酯随着烟雾挥发出来,散播于室内的空气中,使蚊子的神经麻痹,于是蚊子或坠地丧命,或四处逃跑,从而起到驱蚊的作用。

(2) 蚊香片(电热驱蚊器)。

使电热元件通电后发热,并自动恒温,维持适当温度,使置于上面的驱蚊药受热挥发而驱蚊。驱蚊药由人工合成的除虫菊酯制成。电热驱蚊器结构简单,价格便宜,效果好。

(3) 灭蚊灯(紫外线灭蚊器)。

灭蚊灯又称电动式灭蚊器,利用紫外灯管发出的紫外线引诱蚊虫飞近灯光,使之撞在高压电网上而灭蚊。

(4) 液体蚊香。

液体蚊香是利用毛细管原理,持续加热释放杀虫剂,使用最为方便。按每天使用 8 小时计算,一瓶蚊香液可连续使用 30 天,免除了每天更换蚊香片的麻烦。但无论是电蚊香片或液体蚊香,都含有对人体有害的物质。

(5) 电子蚊香。

电子蚊香是运用仿生学原理，利用电脑程序使电脑音响发出类似蚊子天敌（如蝙蝠、蜻蜓等）的声波，制造一个让蚊子难以承受的噪声环境，逼迫蚊子逃走；或者模仿雄蚊求偶声波，使已孕雌蚊"避嫌"。

电子蚊香在工作的时候，一端的 LED 灯就会亮起，分布在盘旋蚊香上的孔洞就会散发出香茅油的味道，有效地驱赶蚊子。为了保证电子蚊香的温度，让它不至于过热，电子蚊香采用了低压恒温装置保证工作安全。

(6) 激光灭蚊。

激光灭蚊装置可识别出蚊子翅膀振动的声音，然后发射出激光束将蚊子烧死。利用激光消灭蚊子的想法最早是由劳维尔·伍德和美国"氢弹之父"爱德华·泰勒提出的。

点评：驱蚊的方式有很多，但每一种方法都是在前一种方法的基础上克服缺点后再创新（变一变）的结果。

★案例 3

塑料钞票

2011 年 11 月，加拿大央行宣布首次开始发行塑料钞票。这次进入流通的塑料钞票以特别聚合物制成，具有易辨识、难造假等特点，预计使用寿命是普通纸币的 2.5 倍。

优势：洗衣机洗不烂。

世界各国流通的纸币的主要材料是棉纤维，易产生异味，易沾染细菌，不易消毒和回收。塑料钞票是由高分子聚合物印制而成的，使用寿命是纸钞的 2~4 倍。它无纤维和毛细孔，不吸潮、韧性好、耐高温，传统纸钞的缺点它都没有。

同时，塑料钞票方便在 ATM 机上使用，可大大减少新币的投放量，降低旧钞回收成本，因此被称为"绿色钞票"。

特征：透明视窗防伪。

塑料钞票区别于纸币的一个明显特征是票面上有透明视窗。每张塑料钞票一般设有 1~2 个透明视窗，最多的有 4 个，内置各种防伪装置，可防止复印。

澳大利亚研究机构将透明视窗作为一种光学透镜，借助它显示防伪特征，大大提高了公众辨别钞票真伪的能力。基于类似技术，加拿大塑料钞票上的透明部分印有复杂的全息图案，钞票两面均能显现。

点评：同样是运用了"变一变"发明法，用"塑"替"纸"，"改变现有事物的形状、材料、结构、位置、颜色、气味等，使其产生新的特性，成为一种更科学更优秀的物品"。的确,发明创造就是要在原物、原事、原技术方案的基础上再改进、再完善、再创新。

能否将"塑料钞票"透明视窗防伪的功能用到教材等书籍的防复制及商标防伪技术的提高上呢?

★案例4

伞的发明与创新

中国制伞历史悠久,最早为鲁班之妻云氏为使丈夫免受淋雨之苦而发明。据传,春秋时期,鲁班常常在野外劳作,饱受雨淋之苦,鲁嫂(云氏)想做一种能遮雨的东西,她就把竹子劈成细条,在细条上蒙上兽皮,样子像"亭子",收拢如棍,张开如盖,这就是最早的雨伞。

(1) 环保雨伞。

常规雨伞的伞面是固定的,虽然可以更换,但是并不容易。环保雨伞的设计更加灵活,它只是一个没有伞面的轴环伞骨架,可以拿报纸、塑料袋或者其他任何东西做伞面。

(2) 塑料充气伞。

塑料充气伞是一种便携式雨伞,通过一个手压泵给它充气,放气时只需轻拉一个手柄,因此它占用的空间并不多。当要撞到其他人时,能避免伞撑把他人的眼睛戳伤。它上面有3个明亮的发光二极管,夜间也能避免碰到他人或被他人撞到。

点评:人们的生活水平日益提高,日常用品的生产制造也发生了翻天覆地的变化。发明与创意中都显现着劳动者的智慧和丰富的想象。

2.3.7 逆向思考法

从人、事、物的相反方向提出问题,展开思路,创造研制新产品、开发新技术,这种发明方法就叫逆向思考法。

在进行数学运算时,人们都是从低位算起,而史丰收却反其道而行之,从高位算起,不列算式,一次报出答数,创造出了速度计算法。

过去的圆珠笔漏油,人们循着一般的思路去想问题,在笔珠的耐磨性上冥思苦想,但不见成效。后来,日本的中田藤三采用了逆向思考法,设计出笔珠磨损到快漏油时,笔油也刚好用完的新方案,解决了长期不能解决的问题。

逆向思维方式一般可分为功能反转型逆向思维、转换型逆向思维、缺点型逆向思维三种类型。

（1）功能反转型逆向思维。

功能反转是指从已有事物的相反功能去设想和寻求解决问题的新思路和新途径，从而获得新的创造发明。

例如，德国一个造纸厂，因工人的疏忽在生产中少放了一种胶料，制成了大量不合格的纸，用墨水笔一写，字迹就会化开，如果这批纸全部报废就会给公司带来重大的损失。肇事工人拼命地想补救办法，一天，他不小心把墨水洒在了桌子上，便慌慌张张地用边上的那张纸来擦，结果墨水被吸得干干净净，变废为宝的念头在他的头脑中闪过。就这样，这批纸当作吸墨水纸全部卖了出去。后来，又有人做了个带把的船形架，把吸墨水纸装在上面，这样，"吸墨器"的新发明就诞生了。

（2）转换型逆向思维。

当某种技术从一个方向无法攻克时，可以放弃这种思路，把问题的重点从一个方面转向另一个方面，往往会有意想不到的效果。

例如，飞机设计师把飞机的机翼由平直机翼改为后掠机翼，使飞机的飞行速度大大提高。

（3）缺点型逆向思维。

缺点型逆向思维就是将事物的缺点变成优点，化不利为有利的思维方式。它并不是要克服事物的缺点，而是要巧妙地利用事物的缺点，化腐朽为神奇。

有个纺纱厂因设备老化，导致织出的纱线粗细不均，眼看就要产生一批残品。这时，一位职员提出，不如将错就错，将纱线制成衣服，因为纱线有粗有细，衣服的纹路也不同寻常，也许会受到消费者的欢迎。果然，这样制成的衣服具有古朴的风格，相当有个性，很受大众的欢迎，推出不久便销售一空。

其实，任何事物都没有绝对的好与坏，从一个角度看是缺点，换一个角度看也许就变成了优点，对这一"缺点"加以合理利用，就可以收到化不利为有利的效果。

在发明创造活动中，逆向思考法可以帮助我们更深入地捕捉发明课题，寻求更新的技术方案。在运用逆向思考法时，一般可以从原理逆向（如电生磁→磁生电）、性能逆向（如冷风扇→热风扇）、方位逆向（如提水桶从桶口进水→从桶底进水）、操作顺序逆向（如顺数计时法→倒数计时法）以及事物的结构、形态等多角度去反向思考，都可能给我们带来令人鼓舞的优秀发明。

★ 案例1

捣蒜的新方法

夏天，人们经常用蒜调凉菜。但是，在碗或其他器具里捣蒜的时候，蒜容易从碗里蹦出来。如果用一块纱布，绑在捣蒜锤的把上，纱布刚好盖在碗上。捣一下，纱布也随着捣蒜锤落下来，盖严了碗，蒜就不会蹦出来了。

点评：根据逆向思考法，向人、事、物的相反方向提出问题，展开思路，这样就能解决许多问题。

★ 案例2

摩地大楼

所谓摩天大楼当然往天上建，而位于墨西哥名为"Earthscraper"的概念项目是将楼往地下建，就像直插入地的倒立大楼，应该叫摩地大楼。

这个建筑如隐藏在地下的小城市，面积775 000平方米，直入地下1 000英尺(304.8米)，共65层。其结构内部掏空，让所有居住的空间享受自然采光和通风；使用桥梁延伸至建筑的中间，这样就可以往下看，犹如在大峡谷的空中漫步。

点评：逆向思维法是发明方法中使用率较高的一种方法和技巧，因为当人们按照常规思路去思考问题时，常常受到传统经验的约束，不能全面、正确地分析事物，倒转过来从反面去想一下，反而能够全面地看问题。使用倒转逆向法灵活、机动、变化多端，常常会产生奇妙的发明方案，发明出好作品。

2.3.8 合理组合法

合理组合法简称组合法，就是按照一定的技术原理或功能目的，将两种或两种以上的物质产品或技术方法进行适当的结合，形成新的技术、方法和产品。这种组合不是简单的1+1，而是有机的综合，所有的特征要相互支持、补充，达到扩大用途、强化功能、增加效益的目的，即实现1+1>2的飞跃。

例如，双排订书机由两个完全相同的订书机组合在一起，使用时，按下一次就订了两个钉，符合平时装订文件一般都是订两个钉子的特点，而且这种装订的两钉之间距离是一定的，比单个订书机订得更整齐。而且，两机的间距可以调节，适应所订文件长短的变化。

组合法的运用方式多样，基本类型有以下5种。

（1）主体附加法。

主体附加法是指以某事物为主体，再添加另一附属事物，在原有的技术思想中补充新的内容或在原有的物质产品上增加新的附件。它是一种创造性较弱的组合，只要稍加动脑和动手就能实现，只要附加物选择得当，同样可以产生巨大的效益。例如，在自行车上安装车灯、车铃，晚间出行有灯照明，更加安全；电视机荧光屏前加滤光器，可以削减有害辐射；奶瓶附加温度计，可以方便调出适合婴儿喝的温度等。

（2）同物组合法。

同物组合法就是将相同事物进行组合，以图创新的一种方法。其目的是在保持事物原有功能和原有意义的前提下，通过数量的增加来弥补不足或产生新的意义和新的需求，从而产生新的价值。如双色铅笔、双头螺丝刀、远近两用眼镜等。

（3）异类组合法。

异类组合法就是将两种或两种以上不同领域的技术或不同功能的产品进行有机组合。这种方法是将研究对象的各个部分、各个方面和各种要素联系起来考虑，从而在整体上把握事物的本质和规律，体现了综合就是创造的原理。例如，电话和录音机组合在一起，就产生了录音电话；将糖和玩具组合在一起，就会产生好玩又好吃的泡泡糖。此外，还有发光鞋、收音机、音乐示警标枪等。

（4）重组组合。

任何事物都可以看作由若干要素构成的整体，各组成要素之间的有序结合是确保事物整体功能和性能实现的必要条件。如果有目的地改变事物内部结构要素的次序，并按照新的方式进行重新组合，以促使事物的性能发生变化，这就是重组组合。例如，飞机的螺旋桨通常设计在机首，进行重组后螺旋桨放在机尾；家中的家具摆放，不断地变化、重组可创造出更新的环境气氛等。

（5）信息交合法。

信息交合法是建立在信息交合论基础上的一种组合创新技法。信息交合法有两个基本原理：其一，不同信息的交合可产生新信息；其二，不同联系的交合可产生新联系。根据这些原理，人们在掌握一定信息基础上通过交合与联系可获得新的信息，实现新的创造。

★案例1

可移动式迷你电扇

这款风扇的设计灵感来自鹦鹉螺，利用内置的涡轮产生风力，再从剖面的通风口吹出来。四周突出的花纹使这款小巧的风扇可以随意摆放成任何角度。可以随身携带，不仅会给炎炎夏日带来一丝清凉，时尚的外观也可以起到很好的装饰作用，如图2-11所示。

图 2-11　可移动式迷你电扇

点评：合理组合法就是"将两种或两种以上的物质产品或技术方法进行适当的结合，形成新的产品或技术"。这种新产品、新技术不是简单的 1+1，而是综合创新，要达到扩大用途、增加功能、增加效益的目的，即 1+1>2。

★ 案例 2

自动铺路机

荷兰发明了一种名为"老虎石"的自动铺路机，能够自动铺设漂亮而耐用的砖路。无论什么地方，只要"老虎石"驶过，都会变魔术般地留下一条砖路。

"老虎石"拥有一个成角度的装料槽，施工时，工作人员只需将铺路砖装进去即可。随着铺路机在砂基面上一点点向前行进，砖块便因为地心引力自动码放在一起。砖块铺设的路面经久耐用，并且易于维护和替换。一些新设计的砖路，砖块之间还可以吸收雨水并将其灌入地下，进而减少暴雨时的地面积水，同时帮助改善地下蓄水层的状况。

★ 案例 3

老人专用指甲刀

将放大镜装到指甲刀刀口上方，透过镜片刚好可以看清楚要剪的指甲，如图 2-12 所示。

图 2-12　老人专用指甲刀

点评：该发明源于生活小事，利用合理组合法将两种或两种以上的物质产品或技术方法进行适当的结合便产生新的产品或技术，发明的确如此。

2.3.9 类比移植法

根据两个事物之间在某些方面（如外形、结构、性质）相同或相似，从而推出它们在其他方面也可能相同或相似，并加以移植运用。这种发明创造的方法叫类比移植法。

例如，面包是由面粉经过发酵加工而成的，烤面包时，由于面包内部产生大量气体，使面包体积膨胀，变得松软可口。能不能把这种面包发泡技术进行系列研究从而开发新产品呢？

移植到食品加工——发泡面、发泡饼。

移植到包装、运输、保温、隔声等领域——发泡塑料。

移植到采光材料——发泡玻璃。

移植到金属——发泡金属。

移植到隔热品——发泡橡胶。

移植到超轻型纱布代用品——发泡树脂。

移植发明法也可称转移发明法，就是把已知的原理或熟悉的部件运用到新的发明上来。这种技术上的移植是发明创造的一条重要途径，而且往往是一条捷径。

1. 类比移植法分类

类比移植法可以分为原理移植、结构移植、方法移植、系统移植、技术移植、材料移植等。

(1) 原理移植：将某事物的基本原理向另一事物转移运用。例如，在修补沥青路面时，工人用火将沥青烤软，再添加材料修补，很费时，能不能做得又快又简单又干净呢？微波炉可以把食品从里到外同时加热，数十秒钟就可以把东西烤热。把这种原理运用在筑路上，发明出微波修路机，加热沥青路面，使路面修补又快又干净。

(2) 结构移植：将某种产品的结构全部或局部移植到另一产品上，使后者在用途和性能上体现出新的特点。例如将胃窥镜用在树木病虫害的探查上，把胃窥镜伸入树洞中观察，这就是结构整体的移植运用。

(3) 方法移植：某领域、行业或某类产品的加工工艺方法，常常是解决其他领域、行业或其他类别产品制造难题的潜在方法。例如制作面包和馒头，利用发泡剂产生无数气泡，从而使制成的馒头松软可口。有一家食品厂把这种发泡的方法运用到冰激凌的制作中，向冰激凌中吹入微小气泡，使冰激凌变得体积膨大、松软异常。

（4）系统移植：靠一种新技术，创造出系列新产品的方法。例如，人们首先发明了电热毯，接着又把这种装置用到衣裤上去，于是发明出电热衣、电热裤、电热袜、电热鞋、电热手套等。

（5）技术移植：把某一领域中的技术运用于解决其他领域中的问题。

（6）材料移植：将材料转用到新的载体上，以产生新的成果。

2. 移植法的特点

（1）移植法与已有的理论知识相联系，体现着科学理论的方法功能。

方法是理论的结晶，任何有价值的科学理论，都不仅仅是科学认识的结果，同时也是新的科学认识的起点和方法。移植法通过把某一研究对象的已有理论知识（包括概念、原理及其他理论分析方法等）移植到其他研究对象上，使其成为所研究问题的关键解法，或引导研究者打开新的研究思路，实现科学认识由一个研究对象向另一个研究对象的过渡和转化，从而在不同领域、不同层次之间体现科学理论的方法论功能。

（2）移植法与已有的技术手段相联系，具有实践性的品格。

由于移植法不仅在理论层次上包含概念、原理等的移植，还包括经验层次上实验方法、技术等的移植，所以它不仅可以在认识范围内变革研究对象，而且还可以在实践范围内通过新技术的发明和新技术在不同领域中的移植，实现由理论向实践的转化和飞跃，从而表现出实践性的品格。

（3）移植法与类比法相联系，具有创造性和试探性的双重特征。

移植法的应用往往要借助类比法的启示，或直接以类比法的应用为前提。要把某一研究对象的已知东西移植应用到有些属性尚不清楚的其他研究对象上，必须设法找出这两个看起来差异甚大的不同研究对象之间的某些共同点或相似点。在一定观察实验的基础上，类比法可以满足移植法的这种要求。因为类比法能够根据两个不同对象之间某些属性的相似性，推出二者在其他方面可能隐含的共同点或相似点。这样，就把一个研究对象的某种概念、原理等应用于另一研究对象的相似方面，正好为沟通两个研究对象创造性地应用移植法架设了一座桥梁。但由于类比法是一种由特殊到特殊的推理方法，在推理中间难免带有想象、猜测的成分，其结果难免带有偶然性。这样借助类比的启示和沟通所实现的移植，又决定了移植法在很大程度上是一种试探性的方法。创造性和试探性的统一，是移植法的一个突出特点。

由于现代科学技术发展的特点之一是各门学科之间的相互渗透和相互联系越来越密切,所以,在现代科学研究活动中,移植法的运用日益重要,有不少重大的科学成果也都来自移植其他领域的新原理和新方法。因此,有些研究人员有意识地采用一种新技术,然后寻找一些可以把这种新技术运用在其中的课题,以便借助新技术的特殊优点另外开辟出一条新的研究途径。例如,有些科学家往往有意识地利用两个学科各自的原理和技术,在两门学科交接处的领域内,进行所谓的"边缘"研究。在具有广泛训练的科学工作者手中,这是一种很有效的研究方法。利用物理学的原理和技术,研究生物学、化学、地质学、天文学和医学等,不仅取得了许多重要成果,而且在已开创出的新研究途径上,逐步形成了许多新兴的学科分支。

在科学研究活动中,运用移植法的最大困难在于科学研究工作者有时不能够理解其他领域内的新发现对于自己研究工作的意义。因此,为了在科学研究活动中成功地运用移植法,要求科学研究工作者掌握其他科学领域的发展情况,尤其是邻近学科的基本原理和技术上的重大进展。为了达到这个目的,最有效的办法是经常阅读其他学科的文献综述,或者参加一些其他学科的学术报告会。

2.3.10 反败为胜法

事物具有二重性,将某些物品的缺点放大可以解决其他问题。如金属铁会生锈,人们通过防腐来解决。相反,将铁锈收集起来用于制药便成为某些药品的原料。

任何事物都包含正反两方面,从相反的方向思考问题,可能会产生新的发现或新的解决问题的方法。司马光砸缸救人,就是运用这一原理解决了刻不容缓的问题。英国科学家法拉第从电流能产生磁场的原理进行反向思考,从而引发出把磁场变成电能的新想法,发电机就因此创造出来了。

★ 案例1

"救命"水壶

这种水壶的原理是利用手持水泵机制,迫使水从外部进入该装置内一个狭窄的卷管中,管子里充满的聚合物上有孔,直径只有十亿分之一米,足以过滤掉细菌和病毒。

水壶的发明者迈克尔·普里查德说,这一发明主要是考虑到急救市场,一旦发生飓风或地震,最紧迫的后勤需求就是向受灾者提供洁净的饮用水。

运输机一般只能运载够800人饮用1个月的瓶装水,同样的飞机可以携带

12.5万个"救命"水壶，足够维持50万人16个月的饮用水。

伦敦卫生和热带医学学院的约翰·克伦和彼得·多纳基分别对这一装置进行了验证。他们利用所含细菌和病毒大大超过自然界中任何水源的污染水进行实验。经过"救命"水壶装置之后，水中无任何微生物残留，过滤后的水完全达到世界卫生组织的饮用水标准。

点评：这种方式在发明的方法中属"反败为胜法"，其运用的原理是"事物具有二重性，可将某些物品的缺点放大后再找到解决它的办法"。"救命"水壶可将脏水变饮用水正是很好地运用了这个方法。

★ **案例2**

不留字迹的纸

加拿大Xerox研究中心的科学家保罗·史密斯在可抹除字迹纸张方面取得了重大突破。这种新型纸张内植入了一种可随光线变色的物质，使用时配有一种特制无墨打印机，24小时后上面的内容就会消失不见，能够再次使用。

点评：这项发明成功地利用了"反败为胜法"，将一次性纸张变成重复性纸张。

★ **案例3**

"神奇纸"

这一由炭纳米管制成的"神奇纸"比钢轻，强度却是钢的500倍，而且能导电散热，适用于航空业、汽车业和电脑业，不仅可以制造电脑和其他电子产品的散热器、燃料电池的电极，而且涂在飞机表面能保护机身被雷击中后不受损，也能保障机舱内的电子仪器和电路不受电磁干扰。

点评：这项发明就是对纸张的弱点加以克服，并运用于众多行业。

★ **案例4**

液氧潜水装置

退休心肺科医生兰德发明了一套潜水装置，能令潜水员用"液态空气"呼吸。人们通常以为吸入液体会窒息死亡，但兰德认为人类的肺完全有能力从液体中摄取氧气，只要潜水员身穿他设计的潜水装置，并成功克服吸入"液态空气"时所产生的作呕反射，就能有呼吸正常空气的感觉。

点评：这项发明就是利用"鱼鳃过滤溶氧"的原理，使人类像鱼一样呼吸液体，潜入深海。

2.3.11 生物启迪法

生物启迪法就是把各种生物系统所具有的功能原理和作用机理作为生物模型进行研究，模仿他们独特的功能、肢体动作、色彩、声音等，并把这些原理和机理运用在技术发明中，实现新的技术设计。

地球上的生物在漫长的进化过程中，通过自然选择，形成了许多有成效的器官或形态，其结构的精巧和可靠达到了令人难以置信的地步。例如，蝙蝠是靠超声波定位的，蝙蝠能依靠它迅速捕到昆虫，上万只蝙蝠在一个山洞里飞翔也可互不碰撞。

生物内部复杂和精巧的机构，具有千奇百怪的功能。我们可以把生物的这些功能、机构运用到技术发明上去，为人类生活创造出更多便利。

巧妙应用仿生法，有哪些方法和要领呢？

（1）仿生物功能。

例如，蜻蜓和苍蝇的复眼由许多单眼组成。在每一个单眼中，都有一小块角膜，这种角膜像照相机一样单独成像。在蜻蜓和苍蝇的复眼前边，即使只放一个目标，但通过一块块角膜，它们仍可以看到许许多多个相同的影像。人们仿照复眼的这个功能，把许多光学小镜排列组合起来，发明了复眼透镜。用这种复眼透镜制成照相机，一次就可以拍千百张相同的影像。

（2）仿生物结构。

有一种黄蜂，它能用不到半两的蜂蜡建起数十间整齐的蜂房。而人类建造房屋用的砖，每立方米的质量约有1.8吨之多。依照蜂窝的结构，人们制成一种纸蜂窝墙板，是将厚约2.5毫米的石棉水泥和纱管纸按一定方法黏结起来的新型建筑材料。目前，这种材料不仅用于建筑业，而且可用来制造家具。用相同原理制成的高强度纸蜂窝墙板还可应用于火箭和飞机机翼的制造中。

人们还根据蛙眼的视觉原理，研制成功了一种电子蛙眼。这种电子蛙眼能像真的蛙眼那样，准确无误地识别出特定形状的物体。把电子蛙眼装入雷达系统后，雷达抗干扰能力大大提高。这种雷达系统能快速而准确地识别出特定形状的飞机、舰船和导弹等，特别是能够区别真假导弹，防止以假乱真。

（3）仿生物语言。

动物也有语言，称为动物通信。有一次，一位科研人员把动物的声音用录音机录下来，同时仔细观察该动物的相应行为动作，发现了它们之间有相互的关系。如把一支灵敏度很高的话筒放到人工孵卵器里，发现了一种十分奇特的现象：原来在小鸡出壳前三天，就已"吱吱"地说话了。起先声音很低，后来把耳朵凑到鸡蛋上就能听得到。据此，人们一旦掌握了动物语言的秘密，就可以指挥动物的行动了。目前，有的飞机场、菜园、养鱼场等为了不受鸟的危害，依照鸟语设立鸟语广播台。这种广播台播放鸟类遇到危险时发出的惊叫声，以吓跑飞鸟。

（4）仿生物钟。

每天天刚破晓，公鸡便引吭高歌，"喔喔"地准时报晓。鸡叫三遍，天光大亮；豆类植物幼苗的叶子白天抬起、晚上下垂。生物学上称这些现象为昼夜节律。

生物界的许多活动还跟季节有关，如植物的开花结果、候鸟的迁徙、鱼类的洄游，都有这个规律。

人的身体里也有生物钟系统，人的体温、血压、基础代谢、脉搏、细胞分裂和血液成分等，都呈昼夜性变化。人们一旦揭开生物钟的奥秘，将有更多发明给人类生产、生活带来不可估量的好处。

★案例1

雷达

蝙蝠是靠超声波定位的，蝙蝠的超声波定位器只有几分之一克，但是它能精确地导向，蝙蝠能依靠它迅速捕到昆虫，上万只蝙蝠在一个山洞里飞翔也互不碰撞。人们通过蝙蝠的超声波定位发明了雷达。

点评：某些生物具备人类不具备的超强器官功能，人类可以利用这些功能进行发明。蝙蝠是靠超声波定位从而精确导向的，如用到其他地方是否能解决同样的问题呢？如汽车倒库、探险导航、深山探矿、地震救援、深孔找物等。

★案例2

发光桌布

法国 LumiGram 设计公司 2007 年发布的可发光光纤桌布，为我们的饭桌文化添加了高科技因素。

已经上市的可发光光纤桌布使用方便，效果华丽。它用纯棉布为材料，用电池供电，同时配有欧式电源适配器。即使出现断电现象，仍可通过电池供电继续进行聚会或晚餐。它还可以手洗。

聚会时可把它当作餐桌上的中心饰物，不用再麻烦地挂起长串长串的装饰灯，也不用再担心打翻蜡烛。只需接通电源，光纤桌布就会发出与银色刀叉和周围环境相配的淡淡微光。

点评：将生物的发光特性用于日常生活中的用具用品上是一种行之有效的好办法。

★案例3

强力细菌

研究人员发现，利用巴斯德细菌能将在地震中容易变动的沙土变成更加稳定的地面，只需将尿素、沙土和钙混合在一起，并注入一点该细菌即可！因为这种具有粘接作用的微生物以尿素为食，并排解出方解石，可将沙土粘合在一起，将流沙变成砂岩。

点评：将生物特性（食性）用于建筑还真是奇迹。

★案例4

可乐也可以为手机供电

科学家们研究发现，可乐可以作为一种电力来源。科学家解释，其实这是利用可乐中的碳水化合物与一种特殊的酶发生作用，由糖分作为催化剂，从而产生电能，为设备供电。

点评：将生物特性（食性）用于发电同样值得称赞，除了可乐可以作为一种电力来源外，还有没有其他可作为电力来源的物质呢？如糖水、尿液、臭气、污泥、烂叶等。

★案例5

伪装网

蝴蝶色彩丰富，尤其是荧光裳凤蝶，其后翅金黄色和黑色的斑纹在阳光下金光灿灿。苏联昆虫学家施万维奇根据当时人们对伪装缺乏认识的情况，利用蝴蝶的色彩在花丛中不易被发现的道理，提出在军事设施上覆盖蝴蝶花纹般的伪装。

根据同样的原理，后来人们还生产出了迷彩服，大大减少了战斗中的伤亡。

点评：其实，除此方法之外还有其他办法，如充气假目标、木夹板假坦克、假房屋等。

★案例6

"外置机械骨骼"

士兵们经常因为长时间背着沉重的战斗装备而体力透支，甚至会受伤。而一种"外置机械骨骼"通过电池供电，能够监测每个士兵的运动，配置"外置机械骨骼"的士兵甚至可以搬动200磅（约91千克）以上的物体。

点评："外置机械骨骼"通过力的转化来降低物资装备的重量，值得称赞。

2.3.12 层次提升法

在原有优点的基础上增大应用范围，在"点"的基础上增大"线"和"面"的应用范围，这就叫层次提升法。

★ **案例1**

随意插座板

插头多、插座少几乎是每个家庭都会遇到的难题，有时不得不用插座板套插座板的方法"扩容"，导致许多插线板、电线杂乱堆置在墙角的现象。

这个设计把插座分布在电线的各段上，这样就不会让各种插头"打架"了，看起来也清爽许多，如图2-13所示。

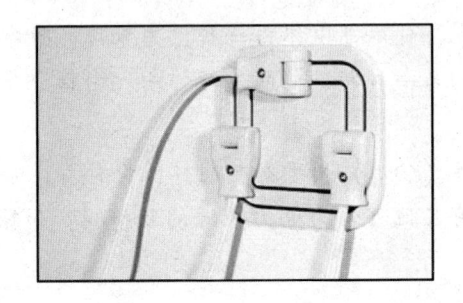

图 2-13 随意插座板

★ **案例2**

蛇形插线板

蛇形插线板最大的特点就是多变，解决了各种形状插头互相冲撞的问题，如图2-14所示。

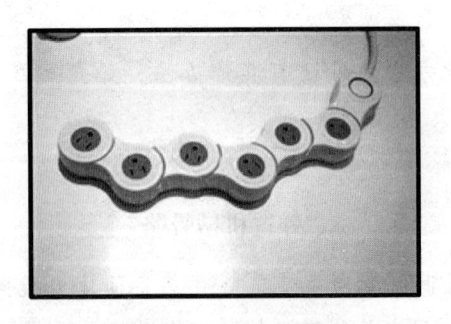

图 2-14 蛇形插线板

★案例3

带 USB 充电插孔的插板

这款创新插板拥有 USB 连接孔，用户在使用电子产品时只需要带上数据线就可以充电，不必再带上转换器。增设的 USB 连接孔不会占据传统插孔的位置，有效利用空余资源，且不会影响插板的正常使用，如图2-15所示。

图 2-15　带 USB 充电插孔的插板

点评："随意插座板""蛇形插线板""带 USB 充电插孔的插板"的发明成功通过择优、排列、重组等多种方法解决了现有家庭、办公室、网吧电器插孔数不够、电线多而杂乱的问题。

★案例4

能"自行修复"的橡皮筋

法国科学家发明了一种能"自行修复"的神奇橡皮筋。这种橡皮筋断了之后，只要将断裂的两头捏在一起几分钟，就能够重新结合，而且弹性良好。

一般的橡皮筋是由长链状的交联聚合物制成，就算拉得很长它还是能够恢复原状。神奇橡皮筋则是用一种特殊的短链结构结合而成，同样能够延伸好几倍并恢复原状，但它的优点则是在断裂后能自行修复。只要在室温下将橡皮筋的断口重新对压在一起，它就可以复原为一条完好的橡皮筋。

神奇橡皮筋还有一个更大的优点是加热后可分解，可以循环使用，因此非常环保。

点评：发明没有行业之分，在材料、化学方面一样能发明创造。如果对该发明再创新，还可运用于临床皮肤修复、烧伤、损伤后的肌肤复原等。

2.4 发明作品实例

2.4.1 发明作品实例1：一种可以摊开的册页笔记本

1. 技术领域

本发明属于文化用具技术领域，尤其涉及一种可以摊开的册页笔记本。

2. 背景技术

使用笔记本常因本子的反面不好书写而带来麻烦，而且当需要画一个跨页的图时也会因为本子的原因而不好实现。现在虽然也有可以方便在反面书写的笔记本，但是其纸张都是一张张分开的，跨页作图并不方便。

3. 发明内容

针对上述存在的问题，本发明是一种可以摊开的册页笔记本，主要由带孔封壳、翻页槽、卡环装置、书写页组成。其中，翻页槽在带孔封壳上，如图2-16所示。

4. 技术方案

当需要书写时，只需将卡环装置8从带孔封壳2中取出，然后将连接在带孔封壳2上的书写页1摊开即可。书写页1是折叠成若干小页的，当不需要书写时，只需将书写页1沿着折叠印记进行折叠并且收拢，然后将卡环5卡紧带孔封壳2即可。如果要进行查看，只需将带孔封壳沿着翻页槽4进行翻页。

5. 有益效果

使用简单，方便书写。

6. 具体实施方式

图2-16（a）中，书写页1粘在上下的两片带孔封壳2上。书写页1是一张被折叠成等距的长纸。

图2-16（b）中，卡环装置8由卡环杠6和连接在卡环杠6上的卡环5组成，卡环5可以自由开合。在带孔封壳2的上面靠近一端的边缘上开有一排和卡环5对应的封壳卡孔3。带孔封壳2上靠近封壳卡孔3的附近刻有一道翻页槽4。书写页1可以收拢在上下两片带孔封壳2之间。

图2-16（c）中，卡环装置8可以通过卡环5与带孔封壳2上的封壳卡孔3卡在一起。

第 2 章　发明方法

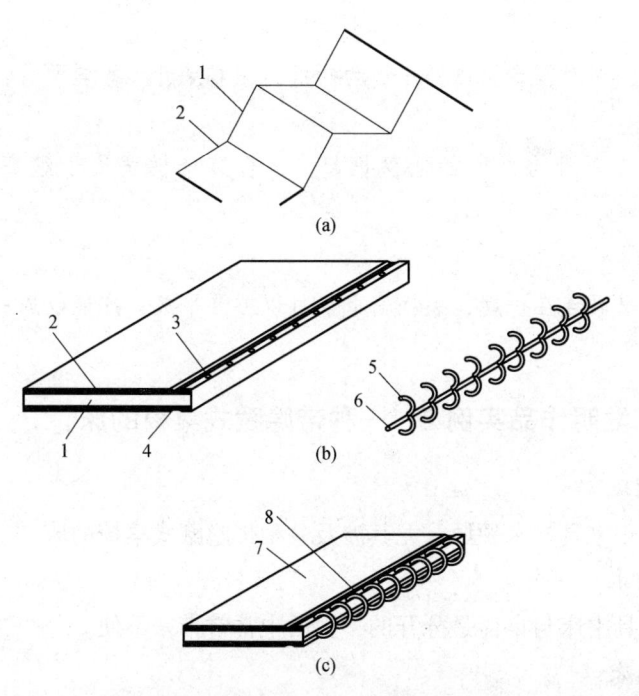

1—书写页；2—带孔封壳；3—封壳卡孔；4—翻页槽；5—卡环；6—卡环杠；7—笔记本主体；8—卡环装置。

图 2-16　可以摊开的册页笔记本

(a) 推开后的示意图；(b) 结构示意图；(c) 整体示意图

点评：笔记本是日常生活中普通的学习用具用品，多年来变化不大，本实用新型做了创新。

职业不同，对学习用具用品的要求也就不同。如从事艺术工作的人需要较大面积的纸用于速写和写真，而工科人才则需较大面积的纸用于绘制工程草图。因此，本实用新型有着广泛的用途。

★链　接

册页

册页是书画作品的一种装裱形式，也是我国古代书籍装帧传统形式中的一种。书画册页受书籍册页的影响而出现，其易于创作、易于保存的特点深受书画家和收藏家的喜爱。

顾名思义，册页是将画幅装裱成一页一页的，犹如书本。一般都外镶边框，上下加檀木、楠木，或宋锦裱装的硬壳板面作为封面和封底，收叠时成一部书。这样无论是欣赏、携带还是保存，都比较方便。

册页的基本形式可大致分为三种。

1. 蝴蝶装

左右翻开，相对摺合，画幅中线为折痕，左右展开如蝴蝶两翼，也称摺装。

2. 推篷装

翻开时是上下开合，恰如把篷推起，适合装裱横宽大于纵高的画幅，或者扇面。

3. 经折装

通常多幅书画连在一起，装裱完成后可以摊开平放，亦能收成一册。

2.4.2　发明作品实例2：一种带隐藏式桌椅的床

1. 技术领域

本发明属于家具技术领域，尤其涉及一种带隐藏式桌椅的床。

2. 背景技术

现有的家具中床与桌椅是分开的，生活中常常带来不便。

3. 发明内容

针对上述存在的问题，本发明提出解决的办法，主要由床体、隐藏式桌椅装置组成，如图2-17所示。

4. 技术方案

隐藏式桌椅装置是安装在床体里面的，使用时只需将隐藏式桌椅装置从床体里面抽取出来即可。隐藏式桌椅装置包括两排对称的隐藏式座椅和一张隐藏式桌子。

5. 有益效果

使用简单，节省空间，造价低廉。

6. 具体实施方式

图2-17（a）中，隐藏式桌椅装置2安装在床体1的内部。

图2-17（b）中，隐藏式桌椅装置2可以从床体1的侧边通过滑动装置抽出，隐藏式座椅包括对称的两排隐藏式座椅4和一张隐藏式桌子3。

图2-17（c）中，隐藏式桌子3的末端通过一个固定安装的转动装置6连接一个桌子支撑板8，支撑板8可以通过转动装置6放进收纳槽7内。

图2-17（d）中，椅子的椅背9可以通过固定安装在椅面上的座椅转动装置11进行转动。在椅面12的下端安装有一个可以收放的座椅支撑板10。

图2-17（e）中，使用时，座椅支撑板10可以从椅面12的下端拨出，椅背9亦可以通过座椅转动装置11进行转动。

(a) (b) (c) (d) (e)

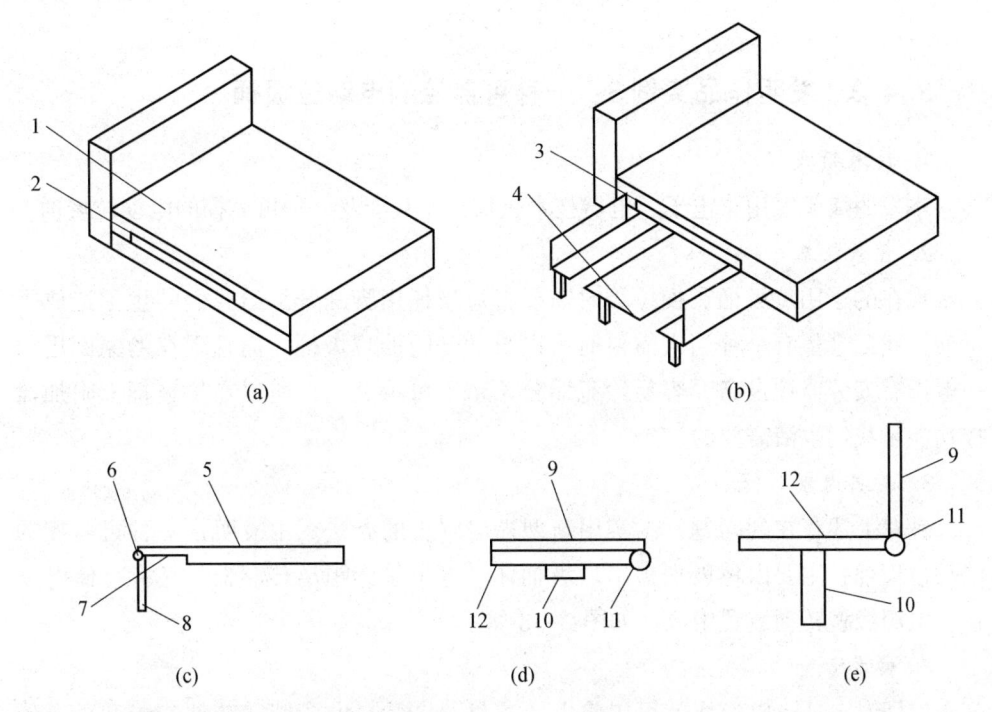

1—床体；2—隐藏式桌椅装置；3—隐藏式桌子；4—隐藏式座椅；5—桌面；6—转动装置；
7—收纳槽；8—桌子支撑板；9—椅背；10—座椅支撑板；11—座椅转动装置；12—椅面。

图 2-17　带隐藏式桌椅的床

(a) 整体示意图；(b) 使用时的示意图；(c) 隐藏式桌子的示意图；
(d) 隐藏式座椅闭合时的剖面图；(e) 隐藏式座椅使用时的剖面图

点评：发明的目的是改变生活，让生活更美好。发明的作用是促进新知识、新技术的运用。

本实用新型"一种带隐藏式桌椅的床"的创新点在于，通过在床内设置暗藏式折叠桌椅实现了即用就抽、用完归还的目的，不但方便实用，而且神秘时尚。

★ 链　接

带有桌子功能的床

荷兰家具设计师 Erik Griffioen 在 2013 年米兰国际家具展上展出了一张带有桌子功能的床，将桌子和床合二为一。

这款床大量采用倾斜设计，四个床腿是倾斜的，床头也采用倾斜设计，并且床头向前一直延伸变成一张桌子的桌面。一般而言，倾斜的床头靠墙摆放会占用更多空间，而这款床头的倾斜设计不仅可以让躺在床上的人感到更加舒适，而且也可为坐在另一侧的桌旁的人提供更多活动空间。

2.4.3 发明作品实例3：一种可监控的电动垃圾桶

1. 技术领域

本发明属于家用小电子、电器技术领域，尤其涉及一种可监控的电动垃圾桶。

2. 背景技术

现在的家用垃圾桶在投垃圾时需要将垃圾桶用脚踩开，给我们的生活造成了不便，我们希望有一种当人需要时可以自动开闭的垃圾桶。而且现在的家庭里面一般没有安装监控设备，容易给犯罪分子留下可乘之机，所以在垃圾桶上附加监控功能是我们生活需要的。

3. 发明内容

针对上述存在的问题，本实用新型提出解决的办法。本发明是一种可监控的电动垃圾桶，主要由垃圾桶盖、垃圾桶体、电子眼、距离传感器、芯片、储电设备、电源线、转动装置组成，如图2-18所示。

4. 技术方案

使用时，插上电源线就可以将电一边供给芯片、电子眼、转动装置和距离传感器使用，一边将电储存在储电设备里。需要丢垃圾时，只需将垃圾靠近位于垃圾桶盖上端的距离传感器，距离传感器可以将信号传送给芯片，芯片通过控制转动装置将垃圾桶盖打开。电子眼可以实时监控房间里的情况，并且将信息存储到芯片中。

5. 有益效果

自动化，可监控，使用简单。

6. 具体实施方式

图2-18（a）中，垃圾桶盖3和垃圾桶盒4连接在一起，垃圾桶盖3上的两个对称的耳朵一边是电子眼2，另一边是距离传感器1。电源线5连接在垃圾桶盒4的下部。

图2-18（b）中，电子眼2和距离传感器1通过导线6和芯片7相连。芯片7通过导线6和储电设备8连接在一起。芯片7和储电设备8都安置在垃圾桶盖3里面。垃圾筒体9是安置在垃圾桶盒4内部的。

图2-18（c）中，在垃圾桶盒4的上端边缘固定安装有一个转动装置10，一端和垃圾桶盖3相连，受芯片7控制。

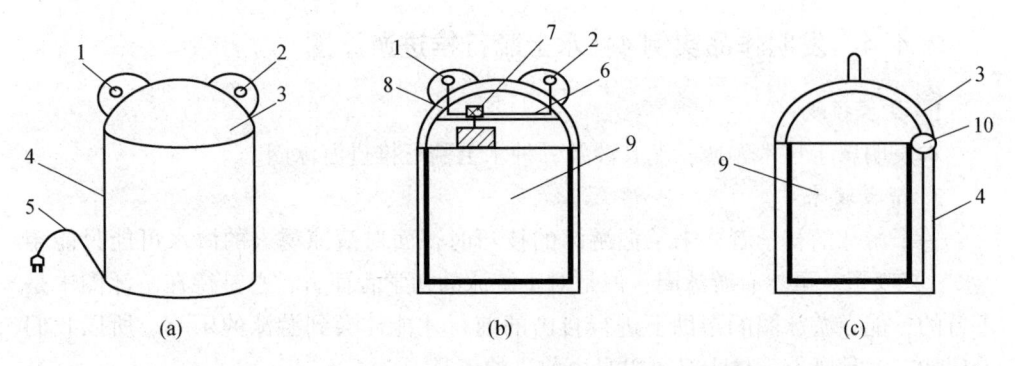

1—距离传感器；2—电子眼；3—垃圾桶盖；4—垃圾桶盒；5—电源线；6—导线；
7—芯片；8—储电设备；9—垃圾筒体；10—转动装置。

图2-18 可监控的电动垃圾桶

（a）整体外观示意图；（b）剖面图；（c）转动装置的位置示意图

★案例1

智能垃圾桶

　　智能垃圾桶是相对普通垃圾桶而言的，简而言之，就是盖子可以通过感应器来开和关，不用手动和脚踩。智能垃圾桶由先进的微电脑控制芯片、红外传感探测装置、机械传动部分组成，是集机、光、电于一体的产品，当人的手或物体接近投料口（感应窗）25~35厘米时，垃圾桶盖会自动开启，待垃圾投入3~4秒后桶盖又会自动关闭。人、物不需接触垃圾桶，彻底解决了传统垃圾桶传染病菌的隐患，防止桶内垃圾气味溢出。

　　和普通垃圾桶相比，智能垃圾桶多了一个电子部分和机械驱动部分。电子部分由一个IC控制，IC价格在2元以内，再加一个感应器。机械驱动部分就更简单了，只是驱动盖子的关和开而已。

　　合格的智能垃圾桶具有性能稳定、使用寿命长（设计寿命6~10年）、使用方便、操作精准、设计精密、卫生环保、节能低耗（耗电是市场同类产品的1/3）等特点。

　　点评：随着人们环保意识和审美水平的普遍提高，垃圾桶的种类和数量也在不断翻新和增加，产品也向着"小巧"和"智能化"的方向发展。智能垃圾桶是未来城市发展现代化的标志之一。

2.4.4 发明作品实例4：水上骑行推进游泳圈

1. 技术领域

本发明属于技术领域，尤其涉及一种水上骑行推进游泳圈。

2. 背景技术

一个游泳的初学者，未掌握游泳的技巧时，面对清凉诱人的海水可能只能望"水"兴叹了。虽然有游泳圈，但是对于游泳的初学者而言，总是待在游泳圈中是不行的，能在游泳圈的帮助下进行自由的前行才能体会到游泳的乐趣。所以我们希望能有一种既节省体力又可以自由前进的工具。

3. 发明内容

针对上述存在的问题，本发明是一种水上骑行推进游泳圈，主要由游泳圈、座位带、支撑框架、骑行装置、链条、螺旋桨推进器组成，如图2-19所示。

4. 技术方案

在游泳圈1的下部有一条座位带2，使用者可以坐在座位带2上，蹬踩脚下的骑行装置4，骑行装置4可以通过链条5将连接在后面的螺旋桨推进器6带动，并推进整个游泳圈前进。螺旋桨推进器6和骑行装置4都通过固定框架和游泳圈1连接在一起。

5. 有益效果

使用简单，新颖，节省体力。

6. 具体实施方式

图2-19（b）中，在游泳圈的下面固定连接有一根座位带2。在游泳圈上通过支撑框架3连接有一个骑行装置4和螺旋桨推进器6。骑行装置通过一根链条和螺旋桨推进器相连。

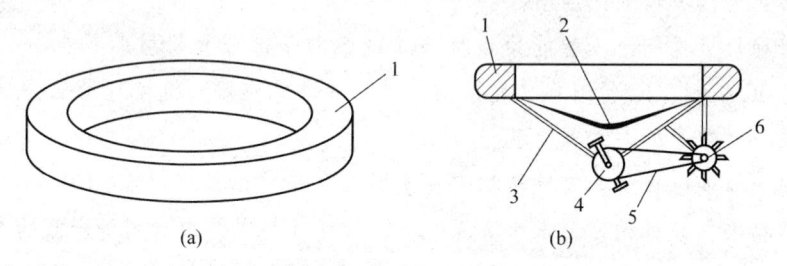

1—游泳圈；2—座位带；3—支撑框架；4—骑行装置；5—链条；6—螺旋桨推进器。

图2-19 水上骑行推进游泳圈

(a) 游泳圈整体示意图；(b) 游泳圈结构示意图

点评：本项发明是针对游泳而做出的针对性发明，采用脚动的方式来驱动游泳圈的运动，与水上自行车相比更显得实用和新奇。这再次说明，发明就是用一种方法取代现有方法的方法。

2.4.5 发明作品实例5：一种城市空中停车位

1. 技术领域

本发明属于建筑技术领域，特别涉及一种城市空中停车位。

2. 背景技术

现在车辆越来越多，在一定程度上会造成城市交通拥堵。鉴于此，有必要提供一种更好的装置，以改变现在城市里停车位少的情况，并缓解城市交通问题。

3. 发明内容

为了解决现在城市里车辆众多而停车位有限的问题，本发明提供一种很好地利用公路上闲置的空间的装置，来实现增加停车位的目的，如图2-20所示。

4. 技术方案

(1) 本发明是一种城市空中停车位，主要包括主支撑柱1、拉索2、围栏3、地板4、栏边柱5、地平面位置6、底架7、撑三角棍8、固定三角棍9、撑杆10、矩形架子11、电机12、升降台13、过道14、停车位15。底架7为整个装置的基底，位于地平面以下，由钢筋混凝土建成。将底架7建到与地平面位置6相平的位置，地平面以上结构主要由钢材建成，主支撑柱1陷于底架7里牢牢地固定住。主支撑柱1为一些比较粗的铁柱，可以承受较大的重量。整个空中停车位可以建成多层，同时长度可以不受限制。每一层停车位都有撑杆10，位于地板4下方，起到支撑地板4的作用。撑杆10与主支撑柱1相连的一端有撑三角棍8，撑三角棍8与主支撑柱1、撑杆10构成一个小三角形。撑杆10的另外一端有栏边柱5，同样也是起固定和承受力的作用。在栏边柱5与栏边柱5的中间有围栏3，可以保护车主，同时减少人的高空恐惧感。停车位与相邻停车位之间由栏边柱5连接在一起，最上层停车位的栏边柱5通过拉索2与主支撑柱1的顶端拉起来。由受力分析可以得知，主支撑柱1受到水平方向的拉力将会大大减小。在最上层停车位的栏边柱5与撑杆10连接的地方有固定三角棍9，可以缓冲拉索2对栏边柱5的一部分牵拉作用，防止栏边柱5受力不均而断裂。

(2) 在停车位的两边有升降车子的装置，共四个，保证车子可以单方向行驶。升降装置主要包括矩形架子11、电机12、升降台13。矩形架子11为整个升降装置的支撑骨架。在地平面位置6所在平面有升降台13，升降台13在矩形架子11的支撑作用和矩形架子11顶部的电机12的带动下，可以做升起或是从高空落下的动作。升降台13为一个长方体，车主需要停车时，将车子开到升降台13里，通过升降装置将车子升高到有空车位的停车楼层。升降台13长边所在侧面有围栏，可保护车子，短边所在两个侧面没有围栏或者可以有门形结构的围栏。

(3) 主支撑柱 1 一侧撑杆 10 的宽度足够容纳一辆车以一定的角度斜着停放和另外一个车辆行驶。当车子以一定倾斜的角度停在停车位 15 里时，还需要一个可以让车子进出的过道 14。主支撑柱 1 两侧成对称结构。在每层停车位的边上需要设立楼梯，可以根据实际建设情况选择将楼梯位置配置在楼层的不同地方，供车主将车子停在停车位后走下停车装置。

5. 有益效果

该装置很好地利用了公路上闲置的空间，也不会造成停车位下方的公路黑暗，结构简单，操作方便，可以无限扩大停车位置。在条件允许的情况下，可以任意增加停车位，且不会增加占地面积，很好地提高了空间利用率。

6. 具体实施方式

整个停车装置分为两个部分，一个为停车装置，另外一个为将车子升起和降落的升降装置。停车装置即用来停车，停车装置的主支撑柱 1 立在道路中间的花坛里，充分利用了道路上闲置的空间，停车位下方不会有隧道的效果。主支撑柱 1 为整个停车装置的主要受力结构；地平面位置 6 上方为钢架结构，地平面位置 6 下方的底架 7 为钢筋混凝土结构，为停车装置的基座。地板 4 为停放车辆的平面，地板 4 下方有撑杆 10，撑杆 10 支撑地板 4 上的车辆。撑杆 10 一端与主支撑柱 1 通过焊接固定，同时，撑杆 10 与主支撑柱 1 相连接的一端下方有撑三角棍 8，构成三角形稳定结构。在撑杆 10 的另外一端有直立的栏边柱 5，每一层停车位与相邻停车位之间的栏边柱 5 连接在一起。在栏边柱 5 之间有围栏 3，保护车辆在过道 14 中行驶。在最上层栏边柱 5 与撑杆 10 相连的地方有固定三角棍 9，且栏边柱 5 的顶端与主支撑柱 1 的顶端通过拉索 2 连接在一起，固定三角棍 9 可以缓冲一部分来自拉索 2 的拉力。在停车装置的两端有升降装置，负责将需要停在停车位的车辆升起送到相应的楼层，或是将在停车位里的车辆降落到地平面。矩形架子 11 为升降装置的支撑架，在其顶部安有电机 12，内部有升降台 13，升降台 13 在电机 12 的牵拉下可以上下运动，从而实现将车子升起或是降下的操作。升降台 13 为一个长方体，长边所在侧面有围栏，短边所在侧面没有围栏，或者可以加添门形结构的围栏，像门一样可以打开或者关上。主支撑柱 1 的两边为对称结构，车辆在主支撑柱 1 的两侧的行驶方向相反。停车位 15 靠近主支撑柱 1，过道 14 靠近栏边柱 5。停车位 15 以一定角度倾斜，方便车辆开进和开出。

地平面位置 6 上方主要为钢材结构，通过焊接连在一起，拉索 2 与栏边柱 5 没有焊接，通过一个环拉紧，保证拉索 2 可以进行一定程度的拉升或是收缩。地平面位置 6 下方主要为钢筋混凝土结构。升降装置主要为钢筋混凝土结构，通过焊接连在一起。

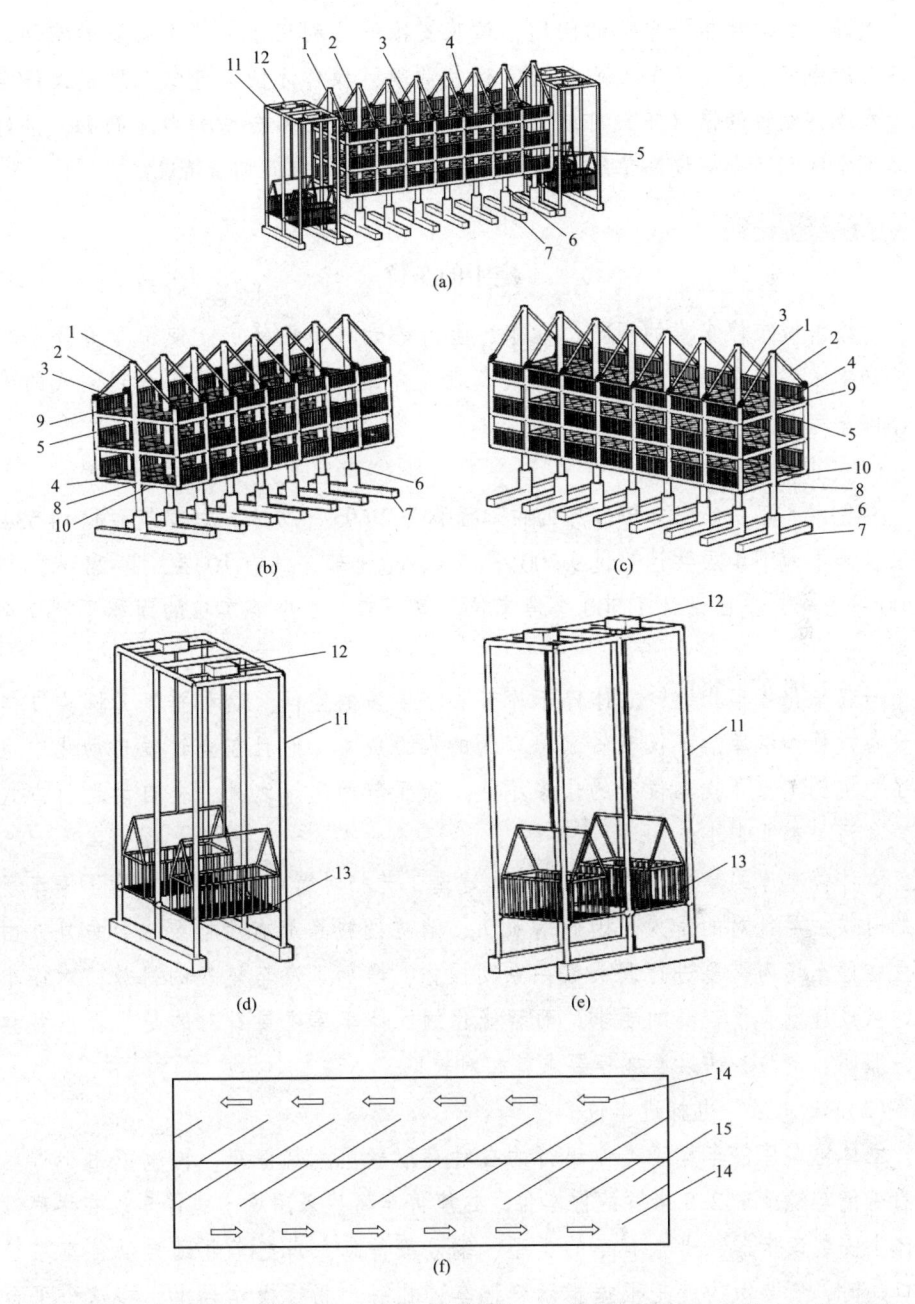

1—主支撑柱；2—拉索；3—围栏；4—地板；5—栏边柱；6—地平面位置；7—底架；8—撑三角棍；
9—固定三角棍；10—撑杆；11—矩形架子；12—电机；13—升降台；14—过道；15—停车位。

图 2-20　城市空中停车位

(a) 全局的西南等轴测图；(b) 停车装置西南等轴测图；(c) 停车装置东南等轴测图；
(d) 升降装置的西南等轴测图；(e) 升降装置的东南等轴测图；(f) 地板停车式样图

点评：针对城市停车难的问题，该装置很好地利用了公路上闲置的空间，同时不会造成停车位下方的公路黑暗，结构简单，操作方便，可以无限扩大停车位置，在条件允许的情况下，可以任意增加停车位，而不会增加占地面积，很好地提高了空间利用率，提高了经济效益，缓解了城市的交通拥堵情况。

★链　接

空中的车位

为缓解城市停车难的现象，北京、上海等大城市已经广泛使用了升降停车设备。乌鲁木齐停车场管理中心的相关负责人介绍了一个全智能、全封闭式的无人立体停车库。

（1）占地面积减八成。

乌鲁木齐第一座立体停车库的占地面积为2 695平方米，总建筑面积14 534平方米，其中地下4层共计超过9 700平方米，地上部分共有10层，高24米，超过4 700平方米，里面设计了500个停车位。算下来，一个停车位的面积不到5.4平方米。

与扁平化停车相比，立体停车库节省了很多的空间。这种垂直升降类立体停车设备被称作塔库，不仅节省了停车场的人力成本，而且在全过程自动化中也避免了司机倒车、寻找车位时的诸多不便。除了节约用地之外，全自动运行方式的噪声和污染都非常小。

立体停车库的建造周期相对要短，建造工艺相对简单。"传统的地下停车场设计的时候主要针对的是人，因此对照明、消防设施等都有严格要求。另外，由于车主在停车场内需要进行调头等一系列操作，增加了汽车尾气的排放，对停车场的通风设施就有了较高的要求。而智能化的立体车库主要针对的是机器设备和汽车，照明、消防、通风设施等要求就相对较低。"

（2）车"坐"电梯进车位。

立体停车库停车程序类似银行的自动存取款机。想停车，再也不用小心翼翼地看着倒车镜倒进2.5米宽的停车位。这座停车塔库采用刷卡式停车。在塔底部的墙体上安装读卡器，卡上有车的类型、编号等信息，当把车开到自动停车系统的入口处时，所要做的就是根据指示牌把车停在一个指定操作台上，在这个平台的地面下有一个感应圈。然后下车，把车门锁好，刷一下停车卡，就可用电脑来操作停车了。自动停车系统还会使用激光扫描仪对车内进行检查，确保车上确实没有人或动物之后，自动停车程序才正式启动。汽车自动移入一个像电梯间似的小房子后，外面的卷帘门落下来。在人们看不见的过程中，汽车已经通过自动控制系统和提升系统拔地而起，由电脑根据库内车位情况给车自动排位，把车辆搬运到空置的车位上。整个过程不过一分半钟。取车的运转过程与停车时正好相反。"当你回到车库取车时，只要拿出停车卡在电脑上轻轻一扫，再等上90秒左右，车就会回到车库的入口处。这时，卷帘门自动打开，你就可以开走自己的车了，简便快捷。"由于全自动停车库内部完全封闭，实行人库分离，既不需要工作人员协助，也不允许任何人进入其内部，大大提高了车库的安全性。

(3) 立体停车是趋势。

如果说城市建筑是城市价值的直观体现的话，那么停车设计则是使城市建筑增值的一个重要因素。

2.4.6 发明作品实例6：一种自带插板的电器

1. 技术领域

本发明属于家用电子、电器技术领域，尤其涉及一种自带插板的电器。

2. 背景技术

在家里使用电器的时候，常常会遇到电线太短够不到插板或是插板不够用而需要重新接出一个插板才能正常使用的情况，这也使得家里的电器线摆放得很混乱。

3. 发明内容

针对上述存在的问题，本发明提出解决的办法，是一种自带插板的电器，主要由电器主体、插板、插头、插板线、电器用线组成，如图2-21所示。

4. 技术方案

当插头3接通电源后，可以将电传输到电器主体1，此时传输线分为两支，一支为供电器使用的电器用线5，另外一支为供插板使用的插板线4。这样就可以一边使用插板一边使用电器了，其他的电器也可以接在该电器的插板上使用。

5. 有益效果

制造简单，使用方便。

6. 具体实施方式

图2-21（a）中，插板2安装在电器主体1的一侧，插头3从电器主体1的底部引出。

图2-21（b）中，插板线4和电器用线5都连接在插头3的一端，插板线4和插板2相连，电器用线5是向电器供电的。

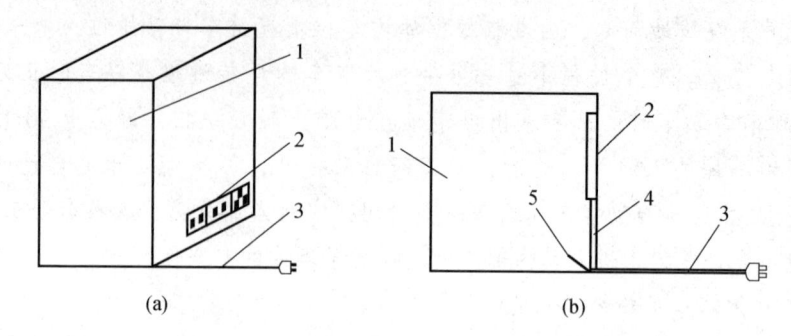

1—电器主体；2—插板；3—插头；4—插板线；5—电器用线。

图 2-21 自带插板的电器

（a）外观示意图；（b）结构示意图

点评：接线插板在家庭、工作场地一定是必不可少的小电器用品，其基本结构未发生根本性改变。随着人们收入的增加，家中电器也越来越多，插位越来越不够用，自带插板的电器是个解决办法。

本章小结

本章介绍了发明方法的概念、发明要学会的方式方法、发明活动的一般心理过程及常用的发明方法。

其实，发明没有大小之分，没有国界、种族之分，更没有男女之分。只要是对人类生活有益、有利于社会进步的发明，都是伟大的。

思考题

1. 常用的发明方法有哪几种？它们的名称是什么？
2. 怎样运用发明的方法？
3. 简述先有发明还是先有发明方法。

第 3 章 创　新

3.1　创新概述

3.1.1　关于创新的不同说法

1. 说法1

创新是指"以现有的思维模式提出有别于常规或常人思路的见解为导向，利用现有的知识和物质，在特定的环境中，本着理想化需要或为满足社会需求而改进或创造新的事物、方法、元素、路径、环境，并能获得一定有益效果的行为"。

创新是"以新思维、新发明和新描述为特征的一种概念化过程"。

2. 说法2

创新是指"新思想、新事物、新方法、新技术、新发明的第一次运用"。

创新是指"具有超前性的科技幻想"。创造在前（原创），创新在后（再创造）。

创新包括技术创新、知识创新、制度创新、管理创新、教育创新、领导创新、体制创新、组织创新、生活创新等。

3. 说法3

"创新"一词起源于拉丁语，它原意有三层含义：第一，更新；第二，创造新的东西；第三，改变。

创新就是必须提供原创性的思想或产品，而不是模仿和简单的加工改造，表现形式无外乎提供新理念、新思维、新学说、新产品、新模式、新流程。简单地说，必须达到"我有人无"。创新的过程，首先是提出新理念和新思想，然后将新理念和新思想付诸实践，形成新产品、新模式和新流程。

"创"字由"仓"和"刂"字组成。"仓"是储存物资的场所，这里表示我国的科技文化；"刂"指对我国的文化遗产要取其精华去其糟粕，即在继承的基础上发扬，在学习的前提下创新。"创新"指在事物的原有基础上发展和提高，做出新成绩，是指把一切做得更简单。

3.1.2 创新的基本含义及哲学观点

1. 创新的基本含义

关于发明，至今世界各国还没有统一的概念，我国专利法规定：发明是指对产品、办法或者其改进所提出的新的技术方案。

发明与创造两者之间为"兄弟"关系，差别不明显，有时也会出现混用的情况。

创新是一个综合性概念。本书中关于创新的定义与发明类似，指在以现有的思维模式提出有别于常规或常人的新思路、新见解，利用现有的知识和物质，在特定的环境中，为满足个人或社会需求而改进或创造新的事物、方法、元素、路径、环境，并能获得一定有益效果的行为。

★案例1

杂交水稻

袁隆平长期从事杂交水稻育种理论研究和制种技术实践，1964年首先提出"不育系、保持系、恢复系"三系法，利用水稻杂交优势的设想进行科学实验。

1970年，袁隆平与助手李必湖和冯克珊在海南发现一株花粉败育的雄性不育野生稻，成为突破三系配套的关键；1972年育成中国第一个大面积应用的水稻雄性不育系"二九南一号A"和相应的保持系"二九南一号B"；1973年育成了第一个大面积推广的强优组合"南优二号"，并研究出整套制种技术。

1986年，袁隆平提出杂交水稻育种分为"三系法品种间杂种优势利用、两系法亚种间杂种优势利用到一系法远缘杂种优势利用"的战略设想，被誉为"杂交水稻之父"。

★案例2

齐白石的画

齐白石本是木匠出身,靠着自学成为画家,荣获世界和平奖。面对已经取得的成功,他永不满足,不断汲取历代名画家的长处,改变自己作品的风格。

他60岁以后的画明显不同于60岁以前;70岁以后,他的画风又变了一次;80岁以后,他的画风再度变化。正因为白石在成功后仍然不断创新,所以他晚年的作品比早期的作品更成熟,形成了独特的流派与风格。

2. 创新的哲学观点

创新发端于问题,大胆是创新的根本前提,哲学层面的创新是一种创造性的思维活动,带给人们新的认识与实践工具。

(1) 创新具有世界观蕴意。

第一,创新的根本问题是正确处理好主观世界与客观世界的关系。这不仅要正确认识客观事物,把握其变化、发展规律,遵循其规律办事,而且还要清楚创新的基础、条件、方式,懂得怎样创新。

第二,创新的作用具有最大的普遍性。它是民族的灵魂、国家兴旺发达的不竭动力。创新的作用贯穿社会生活的各个领域,社会的各项发展都不能缺少创新因素。

第三,创新是人类世界与自然界、主观世界与客观世界分化统一的基础。对人类世界而言,没有创新,就没有社会形态由低级向高级的依次更替。对主观世界而言,有了创新,才有语言文字的发展历史,才有人类思想和科学技术发展的历史。同样,人类世界与自然界、主观世界与客观世界也正因为有了创新,才有机地联结起来,成为不可分割的统一世界。因此,我们观察与认识世界,特别是看待事物的发展,自然也就不能缺少创新的观点。

(2) 创新具有认识论蕴意。

任何创新都意味着新认识或新知识的获得与运用。这有两种情形:其一,发现某种事物及其变化的本质规律,获得新认识,这是发现式创新,也称原始性创新;其二,把获得的认识或知识运用于实践,发明创造出新的产品、技术、方法,建立某种新规范、新体制等,这是发明式知识创新,也叫继发性创新。这两种创新虽然有着显著的区别,但都是新认识和新知识的获得与运用,属于一定意义上的认识论范畴。

(3) 创新具有方法论蕴意。

第一,创新是一种反思与批判。创新意味着对现实的不满足,因而对事物的过去和现在产生怀疑与再认识，进而对之考察评判，弄清事物存在问题的性质与原因，找到解决问题的方法。因此，创新是在反思基础上的创新，它以否定现实为前提，追求比现实更美好、更理想的东西，从而改造现实。当然，创新也是在现实基础上的创新，它不可能一概否定现实，而是继承基础上的重建。

第二，创新既是动力，也是方法。作为动力，创新是国家兴旺发达的不竭动力，是经济社会发展的重要因素；作为方法，创新是推动理论发展、科技进步、制度更新的有效手段。在现实社会生活中，无论是工业、农业，还是科教、国防，各项事业的进步与发展都不能缺乏创新这种动力与方法。

3.2 创新的主要表现形式和特性

3.2.1 创新的主要表现形式

创新包含两种形式：技术创新和思维创新。

1. 技术创新

技术创新指生产技术的创新，包括开发新技术，或者将已有的技术进行应用创新。它包括新设想的产生、研究、开发、扩散、市场化这样一系列活动。

技术创新不等同于生产过程中的产品创新，产品创新仅仅是技术上的一种要求，较少考虑市场的应用。当产品创新不能保证市场的应用时，就会使企业失去对技术开发的信心。另外，如果认为技术创新的本质是一种经济行为，如果不能获得预期的经济效益，技术创新就很难进行下去，也是片面的。这种观点强调了技术开发在市场中的成功，抓住了技术利用的关键，却容易导致实践中的错误取向。

一般来讲，技术创新具有过程的特征，表现更加内在。它可能并不带来产品的改变，而仅仅带来成本的降低、效率的提高，例如改善生产工艺、优化作业过程从而减少资源消费、人工耗费或者提高作业速度。另外，新的产品构想往往需要新的技术才能实现。

决定技术创新的因素有三个：一是竞争程度，竞争必然引起技术创新，技术创新可以降低企业成本、提高产品质量；二是企业规模，因为技术创新需要一定的人力、物力和财力，企业规模越大，它所开辟的市场也越大；三是垄断力量，垄断程度越高，垄断企业对市场的控制力也就越强，其他企业也就越难进入，技术创新也更难。

2. 思维创新

打破日常思维，换一种不同的方式，甚至是超越常规的方式，这就是思维创新。它需要共情、换位、逻辑、看清事物本质的能力，不是为了创新而强行创新。

常见的思维创新有四种：①差异性思维创新，即对比创新，是指以同一类型的产品对比，发现不足和问题；②探索式思维创新，是指在原有的基础上开始综合全面的探索，以便找到创新的关键；③优化式思维创新，是指在已有的、已开发过的基础上，围绕某一点进行深入的研究开发；④否定性思维创新，是指在否定原有的优点基础上，重新找问题。

思维创新具有十分重要的作用和意义。首先，思维创新可以增加人类知识的总量；其次，思维创新可以不断提高人类的认识能力；再次，思维创新可以为实践活动开辟新的局面，指导实践。此外，创造性思维的成功，又可以激励人们去进一步进行创造性思维。正如我国著名数学家华罗庚所说："'人'之可贵在于能创造性地思维。"

3.2.2 创新的特性

1. 创新是一种具有超前性的科技幻想

幻想是由人们复杂的神经网络产生的各种奇怪的想法和念头。有的幻想没有科学的依据，仅仅就是幻想；但是有的幻想基于一定的科学，有现实的意义，称为科学幻想。它们都是人们对于自身或者自然界的美好愿望。科学是对事实规律的反映，必须要源于事实。幻想和科学看似对立，其实本质上有紧密的联系：科学幻想对科学有预言作用，促进科学的发展，改变人们的科学思维；科学则使科学幻想升华。

总的来说，科学与幻想既对立又统一，他们相互促进，相辅相成。

2. 创新不单是问题发现的过程，也是认真思索的过程

（1）叩诊法诞生。

18世纪，一位奥地利医生在给一个患者看病时，尚未确诊，患者突然死去。经过解剖发现，患者胸腔化脓并积满了脓水。能否在解剖前判断胸腔是否积有脓水和积了多少呢？一天，在一个酒店里，他看到伙计们正在搬酒桶，他们敲敲这只桶，敲敲那只桶，边敲边用耳朵听。他忽然领悟到，伙计们是根据酒桶被叩击发出的声音来判断桶内还有多少酒的。那么人体胸腔脓水的多少是否也可利用叩击的方法来判断呢？他大胆地做了试验，并获得了成功。这样，一种新的诊断法——叩诊法就诞生了。

(2) 一孔值万金。

美国一家制糖公司，每次向南美洲运方糖时都因方糖受潮而遭受巨大的损失。有人考虑，既然方糖用蜡密封会受潮，不如用小针戳一个小孔使之通风。经实验，这种做法果然有意想不到的效果，他申请了专利。据媒体报道，该专利的转让费高达 100 万美元。

(3) 地图的另一面。

一位贫困的牧师为了转移哭闹不止的儿子的注意力，将一幅世界地图撕成碎片丢在地上，许诺说："小约翰，如果你能拼起这些碎片，我就给你二角五分钱。"

牧师以为这件事会使约翰花费上午的大部分时间，但不到 10 分钟，小约翰就拼好了。

牧师问："孩子，你怎么拼得这么快？"

小约翰很轻松地答道："在地图的另一面是一个人的照片，我把这个人的照片拼在一起，然后把它翻过来。我想，如果这个'人'是正确的，那么，这个'世界'也就是正确的。"

从以上的例子不难发现，创新不单是问题发现的过程，也是认真思索的过程。叩诊法产生于观察和对比后的思维结果；从"一孔值万金"中可知解决问题的办法很简单，关键是办法要实用。创新是一种方法、一种手段，更是一种智慧的施展与方法灵活运用的典范。

3.3 为什么要创新

3.3.1 为了生存和发展必需创新

美国人口占世界人口总数的比例不足 5%，但其获得诺贝尔奖的人数却占全球获得该奖人数的 70% 以上。创新对一个国家而言犹如水源，只有持续创新、勇于创新才能生存和发展。

创新能力是在技术和各种实践活动领域中不断提供具有经济价值、社会价值、生态价值的新思想、新理论、新方法和新发明的能力。当今社会的竞争，与其说是人才的竞争，不如说是人的创造力的竞争。

3.3.2 企业自主创新的意义和重要性

自主创新是指企业完全依靠自身的技术积累突破技术难关，并且依靠自己的力量成功实现技术的商业化，并取得预期经济效益的技术创新活动。

自主创新企业能在一定时期内掌握和控制某项产品或工艺的核心技术，在一定程度上左右行业或产品技术发展的进程和方向，使企业在竞争中处于十分有利的地位。自主创新一般涉及的都是全新技术领域，在此方面的技术突破很可能会引发一系列的技术创新，如美国杜邦公司通过对人造橡胶、化学纤维、塑料三大合成材料的自主创新，推出和控制了合成橡胶、尼龙、涤纶、塑料等一系列有重大意义的化工新产品，牢牢地占据了世界化工原料市场。技术创新具有不易模仿、附加值高等突出特点，由此建立的创新优势持续时间长、竞争力强。

3.3.3 创新发展对国家发展的作用

科技创新不仅可以直接转化为现实生产力，而且可以通过科技的渗透作用提高各生产要素的生产力，提高社会整体的生产力水平。实施创新驱动发展战略，可以全面提升我国经济增长的质量和效益，有力推动经济发展方式转变。

加快产业技术创新，用高新技术和先进技术改造和提升传统产业，既可以降低消耗、减少污染，改变过度消耗资源、污染环境的发展模式，又可以提升产业竞争力。具体来说，创新有利于迅速提高我国的生产力水平，缩小与发达国家的差距；有利于增强我国的综合国力；有利于提高科技创新能力，建设创新型国家。

自主创新是中华民族发展的灵魂，是我们国家兴旺发达的不竭动力，是国家战略的重要组成部分。

3.4 中国企业的创新

3.4.1 创新的中国人

1. 倪志福

倪志福勤于思考、勇于探索，潜心发明创造，1953 年发明了三尖七刃麻花钻，大大提高和延长了钻头的使用性能和寿命，在国内外引起重大反响，被称为"倪志福钻头"。1959 年，他出席全国群英会，被授予"全国先进生产者"称号；1964 年获得"倪志福钻头"发明证书；1986 年获联合国世界知识产权组织颁发的金质奖章和证书；2001 年 12 月，"倪志福钻头"获国家专利。

2. 包起帆

20 世纪 80 年代，包起帆结合港口生产实际，开展新型抓斗及工艺系统的研发，创造性地解决了一批关键技术难题，被誉为"抓斗大王"。

他将创新作为工作的原动力，不断取得突破。2006年5月，包起帆的发明项目在巴黎国际发明展览会上一举获得4项金奖，成为该展会举办105年来一次获得该展会奖项最多的人。

2009年5月，国际标准化组织（ISO）通过投票表决，决定由包起帆负责领导工作组编写集装箱电子标签国际标准。2010年7月1日，该标准作为国际可公开提供的规范已经在日内瓦总部由ISO正式发布，标志着中国物流和物联网领域在获准制定国际标准方面担任主角。

进入21世纪，为了适应港口发展的需要，包起帆带领研发团队实现了港口从传统装卸功能向现代物流服务业的转型。上海罗泾散杂货码头实现了一条岸线同时供公共码头、钢厂和电厂灰场共用，做到了无缝隙物流配送。由此，包起帆获得了世界工程组织联合会颁发的"阿西布·萨巴格优秀工程建设奖"，成为第一个获此殊荣的中国专家。凭借持续创新、不断突破的精神，包起帆成为中国工人发明家的一面旗帜。

3. 王洪军

王洪军是一汽大众汽车有限公司焊装车间的一名工人，在2007年国家科学技术奖励大会上获得了国家科技进步二等奖。

从1991年参加工作以来，王洪军发明制作了钣金整修工具40余种2 000余件，提炼出123种钣金修复方法，创造了"王洪军轿车钣金快速修复法"，培养和带出了一支200多人的高技能钣金整修队伍。

4. 孔利明

孔利明是上海宝钢股份有限公司运输部的高级技师，从事汽车电器维修工作30余年，共提出合理化建议263条，实施258条；完成科研项目14项；解决进口重型汽车的疑难杂症149个；获技术秘密5项和先进操作法1项，共创经济效益1 200余万元。

3.4.2 中国企业在创新

我国在科技创新方面取得了不错的成绩。2013年，我国全年研究与试验发展（R&D）经费支出达到11 906亿元，占国内生产总值的2.09%；研发人员全时当量达到324.7万人年，居世界第一，占全球总量的29.2%；国际科学论文数量居世界第二，全国有效期内的高新技术企业数量近6万家；创业板上市的355家企业中，高新技术企业占93%。

企业近年来不断加大创新投入，研发人员数量持续增加，研发经费不仅在绝对数量上稳步增长，占销售收入的比重也不断提高，我国各行业TOP100企业获得的专利授权数和发明专利授权数显示出鲜明的行业特点：行业的创新活跃程度高，相应的专利授权数和发明专利授权数就高。如电子信息业的创新层出不穷，全球竞争激烈，因此电子信息业TOP100企业平均的专利授权数和发明专利授权数最多；其次是节能环保业；再次是高端制造业；第四是能源业；最后是生物业。

从五大行业创新TOP100企业的创新动力来源看，多数行业的TOP100企业自主创新的首要动力来源是"市场需求"，第二动力来源是"同行竞争"，第三动力来源是"市场上出现新技术"，"政策激励"因素仅仅是自主创新第四位的动力来源。由于电子信息业技术创新层出不穷，颠覆式创新时有发生，所以该行业的创新表现出鲜明的技术引领需求、技术创造需求的特征。

新兴领军企业表现突出，高新技术产业集中。在TOP100企业中，战略性新兴产业占多数。这些企业表现出明显的技术优势，在自身行业中处于明显的领军者地位，无论是在品牌打造、技术研发还是模式探索上，都表现出了较为突出的创新能力。

企业的创新能力，将决定中国未来的竞争能力，并影响中国人民的生活水平。

3.5 创新作品实例

3.5.1 发明作品实例1：一种摇摇床

1. 技术领域

本发明属于家具技术领域，尤其涉及一种摇摇床。

2. 背景技术

摇篮是每个人都很怀恋的地方，研究表明，摇篮的摇动具有加快入睡的作用。现在快节奏、高压力的生活，使睡眠也成了一大问题。我们希望能有一张像婴儿床一样可以摇动的床来帮助我们找回儿时的睡眠。

3. 发明内容

针对上述存在的问题，本发明提出解决的办法，一种摇摇床，主要由外壳、床板、支撑架、转动装置组成，如图3-1所示。

4. 技术方案

人睡在床板2中，外壳1可以保护人不从床中跌落。无固定时，床体可以自由摇晃；固定时，可利用转动装置 4 将支撑架 3 置于竖直固定状态，这样床会被固定，不会摇晃。

5. 有益效果

使用简单，造价低廉，制造简单，安全、可摇动。

6. 具体实施方式

图 3-1（a）中，无固定时，支撑架 3 通过转动装置 4 收起在外壳 1 的边缘。外壳 1 呈半圆弧型，在外壳 1 的里面固定安装有一块水平的床板 2。支撑架 3 分别分布在外壳 1 的四个角落。

图 3-1（b）中，固定时，支撑架 3 可以通过转动装置 4 旋转到竖直的位置。

图 3-1（c）中，床板 2 比外壳 1 的上边缘低，因而外壳 1 可以起到保护的作用。

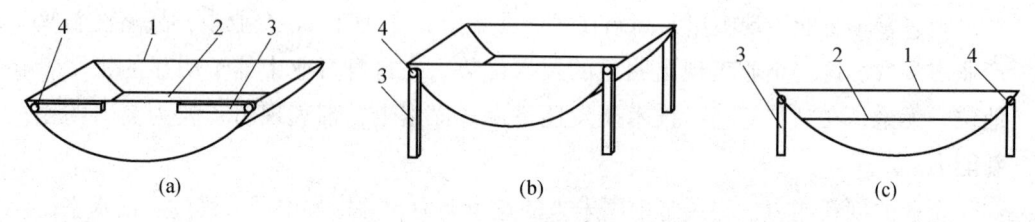

1—外壳；2—床板；3—支撑架；4—转动装置。

图 3-1 摇摇床

（a）无固定时的示意图；（b）固定时的示意图；（c）侧面剖视图

点评：床，一个普通的家具用品，在发明家的手里变成了梦幻无穷的艺术品，通过收与拉、悬与摇实现了重温童趣的梦想。"摇床"有许多优点，如：能帮助失眠者入睡；能帮助失眠者调节心理疾病；能促进夫妻和谐共处。

3.5.2 发明作品实例 2：一种暗藏保险柜的衣橱

1. 技术领域

本发明属于防盗装置技术领域，尤其涉及一种暗藏保险柜的衣橱。

2. 背景技术

现在使用的保险柜都是暴露的实体，虽然上面设置了密码不易被窃取，但是其价格较为昂贵，而且体形较大，也比较笨重。衣柜是用来放衣服的，其内部的空间较大，所以可以用来存放一些东西，但是没有一个较为隐私的可利用空间，所以也容易被盗。

3. 发明内容

针对上述存在的问题，本发明提出解决了办法本，一种暗藏保险柜的衣橱，主要由衣橱主体、保险柜门、底板、抽屉、保险柜空间组成，如图3-2所示。

4. 技术方案

由于保险柜门2和底板3处于一个平面，所以很难发觉。使用时只需将保险柜门2向外翻转过来就可以将保险柜空间5暴露出来；不使用时，保险柜和衣橱是一体的。

5. 有益效果

使用简单，造价低廉，实用隐蔽。

6. 具体实施方式

图3-2（a）中，抽屉4设置在衣橱主体1的底部。在抽屉上面靠外面安装了一块底板3，底板3的靠里面是一块相接的保险柜门2。

图3-2（b）中，在底板3的下面是一个可以抽动的抽屉4。在保险柜门2下面是一个与抽屉4分隔出来的保险柜空间5。

图3-2（c）中，抽屉4可以从底板3下面抽取出来，而保险柜门2只能绕着靠近底板3的一侧翻转。保险柜空间5可以与保险柜门2贴合。

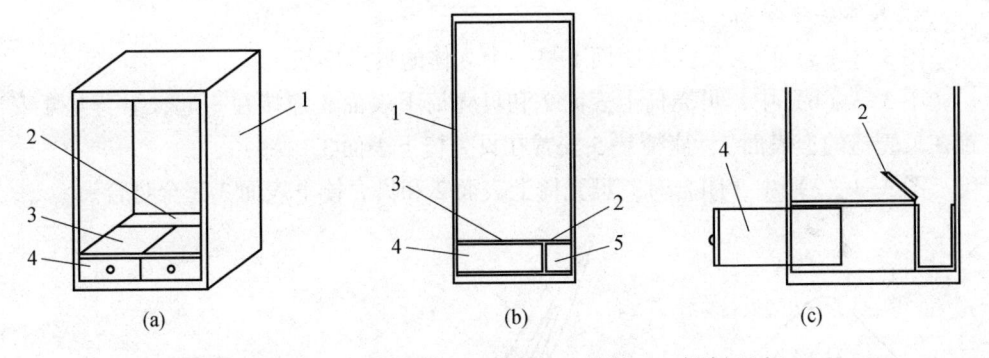

1—衣橱主体；2—保险柜门；3—底板；4—抽屉；5—保险柜空间。

图3-2 暗藏保险柜的衣橱

（a）整体外观示意图；（b）侧面剖视图；（c）局部放大示意图

点评：本实用新型"一种暗藏保险柜的衣橱"由衣橱主体、保险柜门、底板、抽屉、保险柜空间组成。由于保险柜门和底板处于一个平面，所以很难发觉。使用时只需将保险柜门向外翻转过来就可以将保险柜空间暴露出来。不使用时，保险柜和衣橱是一体的。

建议：藏保险柜（箱）的地点最好是你认为最不安全的地方；保险柜（箱）的安置最好采用防移动设计；保险柜（箱）的外形最好与藏地相融，具有良好的隐蔽性、伪装性。

3.5.3 发明作品实例3：一种可开合的贝壳椅

1. 技术领域

本发明属于家具技术领域，尤其涉及一种可开合的贝壳椅。

2. 背景技术

贝壳是每个人都喜爱的东西，它既是财富的象征，也是高雅的象征。如果能有一把贝壳做成的座椅，坐在里面是不是有不同一般的享受呢？

3. 发明内容

针对上述存在的问题，本发明提出解决的办法，一种可开合的贝壳椅，主要由贝壳椅表面、靠背垫、座椅垫组成，如图3-3所示。

4. 技术方案

贝壳椅表面1分为上表面2和下表面3，使用时，只需打开贝壳椅的上表面2，人可以靠在靠背垫4上并坐在座椅垫5上。不使用时，将上表面2和下表面3合起来即可。

5. 有益效果

使用简单，制造简单，外形优美。

6. 具体实施方式

图3-3（a）中，贝壳椅表面1呈一个立体的贝壳形状。

图3-3（b）中，贝壳椅上表面2和贝壳椅下表面3连接在一起，靠背垫4安置在贝壳椅的上表面2，座椅垫5安置在贝壳椅下表面3。

图3-3（c）中，闭合时，贝壳椅上表面2和贝壳椅下表面3完全吻合。

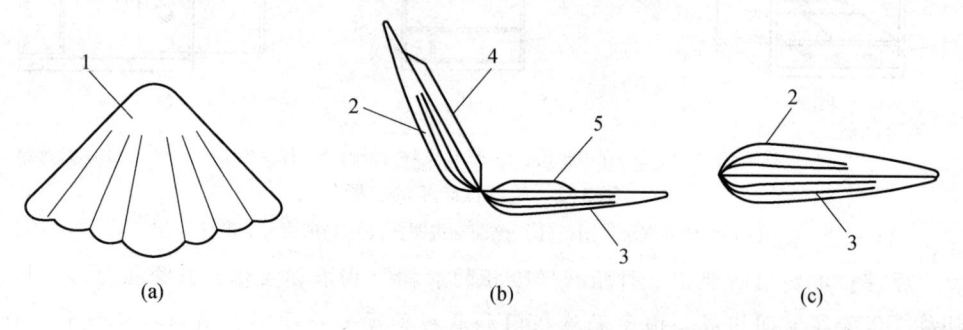

1—贝壳椅表面；2—贝壳椅上表面；3—贝壳椅下表面；4—靠背垫；5—座椅垫。

图3-3 可开合的贝壳椅

（a）俯视图；（b）使用时的示意图；（c）闭合时的示意图

点评： 椅类的发明大多属于外观设计的小发明、小创意，但在生活中却扮演着重要的角色。人是通过对物的享用去享受生活，也是通过对物的创造去丰富生活、充实生活。

3.5.4 发明作品实例4：一种可升降茶几

1. 技术领域

本发明属于家具技术领域，尤其涉及一种可升降茶几。

2. 背景技术

茶几是每个家庭必备的家具。可是由于茶几一般都比较矮，也不具备升降的功能，所以茶几下面不易打扫，容易堆积灰尘垃圾。而且茶几一般也比较重，所以移动起来比较麻烦。

3. 发明内容

针对上述存在的问题，本发明提出解决的办法，一种可升降茶几，主要由上桌面、下桌面、桌腿、孔洞、底板、突起、内撑杆组成，如图3-4所示。

4. 技术方案

当需要将桌面升起时，只需用脚踩住底板5，然后将桌腿3从内撑杆7上升起，直至到合适的高度将突起6固定在孔洞4。

5. 有益效果

使用简单，可升降，实用。

6. 具体实施方式

图3-4（a）中，上桌面1和下桌面2都固定在桌腿3上。在桌腿3的底端有一块底板5，在桌腿3上的对应位置钻有若干个等距的孔洞4。

图3-4（b）中，在桌腿3的里面和底板5连接在一起的是一根内撑杆7。在内撑杆7上有一个可以活动的突起6。内撑杆7完全被套在桌腿3里面。

图3-4（c）中，固定时，突起6可以卡进桌腿3上的孔洞4。

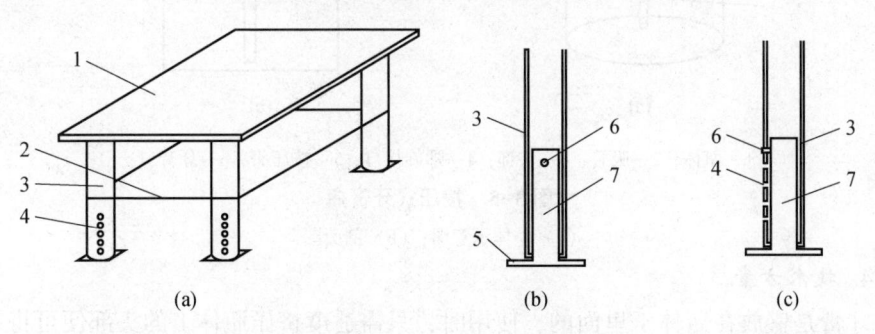

1—上桌面；2—下桌面；3—桌腿；4—孔洞；5—底板；6—突起；7—内撑杆。

图3-4 可升降茶几

（a）整体示意图；（b）局部剖视图1；（c）局部剖视图2

点评：可升降的茶几打破了传统茶几的固有模式，无论是外观还是功能，都能给人新奇的感受。现在小户型房子越来越多，如何合理利用空间成为难题。可升降的茶几能一物多用，非常适合空间较小的居室，是小户型居室的良好选择。

可升降的茶几降低的时候，可以当茶几使用，升高时可以作为电脑桌、餐桌等，一物多用。可升降的茶几是一种新型多功能茶几，不仅为小户型居室带来了极大的方便，也带来了家具创新的灵感和方向，促进了家具行业的发展。

3.5.5 创新作品实例5：一种按压式牙膏瓶

1. 技术领域

本发明属于日常生活用品、用具技术领域，尤其涉及一种按压式牙膏瓶。

2. 背景技术

日常生活中使用的牙膏大部分都是通过铝管封装，而且牙膏的量也比较小，对于一个家庭来说就常常需要购买，而且使用过后的铝管大部分都被丢弃了，造成资源的极大浪费。

3. 发明内容

针对上述存在的问题，本发明提出解决的办法，一种按压式牙膏瓶，主要由瓶体、吸管、头部等组成，如图3-5所示。

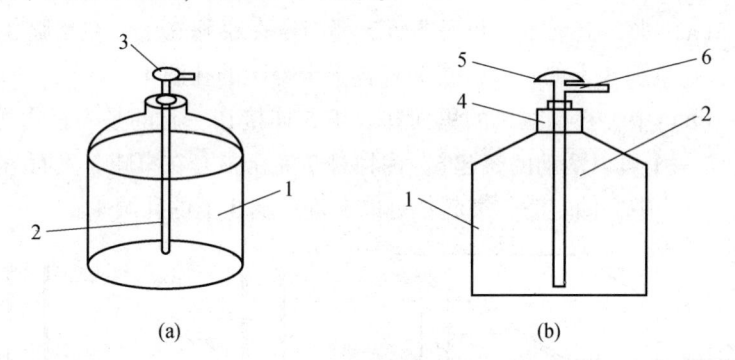

1—瓶体；2—吸管；3—头部；4—螺旋接口；5—按压头；6—牙膏口。

图3-5 按压式牙膏瓶

(a) 整体示意图；(b) 剖面图

4. 技术方案

牙膏是盛放在瓶体1里面的，使用时，只需适度挤压瓶体1的头部便可将牙膏通过吸管2压出来，并从头部3排出。

5. 有益效果

使用简单，可以看见容积，可盛装的体积更大，制造简单。

6. 具体实施方式

图 3-5（a）中，吸管 2 连接在头部 3，头部 3 安装在瓶体 1 的顶端。

图 3-5（b）中，头部 3 通过螺旋接口 4 和瓶体 1 相连，在头部 3 的顶端有一个按压头 5，在按压头 5 的一侧是牙膏口 6，吸管 2 连接在头部 3 下端。

点评：牙膏是人们日常生活中的必需品，也是人们体验节约理念的应用物。无数的小发明中都看到了创意牙膏的身影，说明了人们环保、节约的意识在不断再提高，促使了牙膏节约类工具的小发明不断涌现。

一种按压式牙膏瓶属于节约类工具小发明、小创意，应多从外观造型上下功夫。

本章小结

本章主要介绍了创新的含义，以及创新对企业和国家的重要性，介绍了"创新"一词的注解，以及中国人及中国企业的创新意识及创新成果。

思考题

1. 创新与发明的关系是什么？
2. 创新对科技进步、国家发展、民族振兴的作用是什么？
3. 创新对企业发展有什么作用？

第 4 章

创　造

4.1　创造概述

4.1.1　创造的含义

创造，是指将两个或两个以上的概念或事物按一定方式联系起来，主观地制造客观上能被人普遍接受的事物，以达到某种目的的行为。简而言之，创造就是造出以前没有的事物，是一种典型的人类自主行为。因此，创造的一个最大特点是有意识地对世界进行探索性劳动。想出新方法、建立新理论、做出新的成绩或东西都是创造的结果。创造的本质在于甄选，甄选出真正有建设性的联系（事物或概念之间的联系）。

说法1：创造是指将两个以上的概念或事物按一定方式联系起来，以达到某种目的行为。创造力是根据一定的目的和任务，开展能动的思维活动，产生新认识、创造新事物的能力。"创"即开始，有从"无"到"有"之意。"造"即"做""制作"之意，指将计划制作及实施的过程。

说法2：创造是个人或集体为实现某一目标所实施的过程（方法、手段），以及针对某一问题所采用各方面知识或信息产生解决问题的结果（实用）。

为此，人们尊重科学、弘扬创造、鼓励发明、推动创新的意义也就不言而喻了。

4.1.2 创造力的特点

(1) 人人都有创造力,人人都具有可开发的创新潜力。
(2) 创造力是可以通过学习培养、科学训练而提高的。
(3) 创造力人人都有,但也存在差异。
(4) 创造力是可以借鉴的。
(5) 创造是人的一种本能。
(6) 创造力是不可预见的。
(7) 创造力是不分性别、年龄、民族、肤色的。
(8) 创造力是可以改变人生的。
(9) 创造力是可以体现人社会价值的。

对于创新来说,方法就是新的世界,最重要的不是知识而是思路。在生活中,有些人总是喜欢照着别人的样子来做事,不知道变通,也不知道创新。其实,做任何事,只要不一味模仿,多思考,每个想法都可能创造奇迹。

4.2 创造的作用及效果

1936 年,美国 GE 公司(通用电气公司)对职工进行创造力的培训,一年后发现创造力竟然提高了 3 倍之多。

日本在第二次世界大战之后仅仅 30 多年,就一跃成为仅次于美国的世界第二经济大国,这其中有多种原因。但是,较早地进行创造学研究、在全民族推广实施创造力开发和创造教育并取得巨大成功,是一个无可争辩的主要原因。

创造在生活的各个方面都起着巨大作用。

4.2.1 创造推动经济开发

创造是社会和企业的主题,是每一个企业转亏为赢的契机,是每一个成功人士手中的法宝。创造是从新思想、新概念开始,通过不断地解决各种问题,最终使一个有经济价值和社会价值的新项目得到实际的成功应用。

创造的巨大作用,可以通过经济开发及其效益最直接、明显地反映出来。成功的发明创造,能够带来极大的经济效益。

随着知识经济的到来,知识逐渐成为经济增长和社会发展以及企业成长的关键性资源。在以知识为主要资源的经济中,企业是否具有创造、传播和使用知识的能力正成为其生存和发展的决定性因素。现在国内有不少企业也对此予以高度重视，积极应用知识管理来打造自己的核心竞争力。但是，知识管理并不是简单的信息技术的应用，而是需要建立与之相适应的企业文化。企业文化是企业在经营和管理活动中逐渐形成的，具有本企业特色的企业经营哲学、文化形态、道德规范、精神风尚、企业形象等的总和，是在企业长期发展中形成的。优秀的企业文化能够帮助企业取得竞争优势，在复杂多变的环境中，不断地发展自己。

4.2.2 创造催化社会文化

从远古到现代，从石器文明到现在的智能革命，一次次的创造发明，推动着人类文明进步。

在科技方面，创造的作用在于对社会生产力的解放，改善人们的生活方式，提高人们的生活质量等。如智能家居解放了人的双手，家务活可由创造发明的机器人去完成。

前几年，共享单车随处可见，共享经济的概念突然大热。一时间，出现了很多新概念，如共享汽车、共享充电宝、共享化妆品等。这些发明创造的出现，促使人们竞相使用新产品，整个社会形成了一种共享的文化氛围。

4.2.3 创造激发个人的潜能

人的大脑比世界上最大计算机的储存能力还要大很多倍。但是到目前，人脑潜能的发挥非常有限，有效利用的部分更是少之又少。人是社会上最活跃的元素，人的智能和潜力的发挥程度应该是无限的。发明创造正好可以充分调动人的潜能，运用大脑的储存、思维和计算等多种能力，不断开发自己。

4.3 创造实现梦想

4.3.1 中国创造的现状

1980 年，国家知识产权局的前身中国专利局成立。

1983 年，在广西南宁召开全国创造学首届学术研讨会。

1985 年，中国发明协会成立。

1985 年，《发明与革新》（现为《发明与创新》）创刊出版。

1994 年，中国创造学会在上海成立。

根据《2012年世界知识产权指标》报告，2011年全世界专利申请总数第一次突破200万大关，其中，中国受理了526 412件申请，美国为503 582件，日本为342 610件；中国国家知识产权局继2010年超过日本特许厅之后，在2011年又超过美国专利商标局，成为世界最大的专利局。而在2011年之前的100年中，只有德国、日本和美国三个国家的专利局曾经登上过世界最大专利局的位置。

4.3.2 创造是追梦的手段和过程

梦想是发明的期望，也是发明的目标，正是因为有了梦想又有了希望，人们才会付出，才会去努力解决问题，才有了创造。

1. 悬浮滑板

悬浮滑板是一种像魔毯一样悬浮在空中的滑板。2014年，美国加州技术公司Hendo造出了实物。Hendo公司的悬浮滑板只能离地大约一英寸（2.54厘米），即使这么低的高度也必须是在导电材料（如铜质或铝质）的表面才行，电池的续航时间为15分钟。不过它的技术却是革命性的。Hendo公司创始人对磁悬浮技术进行开发，以达到在地震中稳定建筑物以及保护价值连城的艺术品的目的。

点评：从悬浮滑板这项发明之中我们可了解到科技的力量能让人超越时间、国界、人种、肤色的限定，拉近普通百姓与最新科技之间的距离。这项技术原创是磁悬浮列车技术，通过磁排异现象使车轮与铁轨产生一定距离，从而减少相互间的摩擦来延长铁轨和车轮的使用寿命，实现最大可能来消除噪声以提高乘客舒适度的目的。

2. 3D打印一切

"可以造出任何物品的机器"听起来像是科学幻想，但由于3D打印机的出现，这正在迅速成为现实。3D打印机按照数字蓝图制作物品，通常是把塑料或其他材料一层层叠在一起。

对消费者和企业而言，这是个福音。中学生们可3D打印用于物理课实验的火车车厢，通用电气公司则使用3D打印技术改进了其喷气引擎的效率，美国三维系统公司的3D打印机能打印糖果和乐器等。

点评：3D打印技术走进了我们的生活，对于我们开拓发明思路、实现梦想又开拓了新的渠道。如果能将它运用于铸模制造、立体绘画、立体制图、数字建模、立体广告等方面，将大大改变我们的生活方式。

4.4 创造力的培养

4.4.1 创造力的定义

创造力是指产生新思想、发现和创造新事物的能力。一个人的创造力是知识、智力、能力及个性品质等多因素综合构成的。创造新概念、新理论，更新技术，发明新设备、新方法，创作新作品等都是创造力的表现。创造力是一系列连续而复杂的高水平心理活动。它要求人的精神高度紧张，注意力高度集中，以及创造性思维在最高水平上进行。

在生活中，我们都可能会遇到这样的情况：在发现问题或解决问题时，可能出现突如其来的新想法、新观念。这种想法稍纵即逝，像灵感一样，如果能及时捕捉，并进行思维加工与实践检验，就可能获得有价值的创造。创造力的关键，是如何用有关的、可信的方式，与在此以前无关的事物之间建立一种新的、有意义的关系，可以把事物用某种独创、清新的见解表现出来。

创造力不仅是天赋和才能，更是教育、培养和实践的结果。创造力是人类最伟大的潜能，使人类不断发展。

4.4.2 阻碍创造思维的思维障碍

每个人都可能成为有创造力的人，就看你如何发掘自己的创造力。要有创造力，就必须突破以下思维障碍。

1. 思维障碍一：依循思维

人们生活在一个充满经验的世界里。亲身经历的各种各样的事件，都进入人们的头脑而构成了丰富的经验，可能导致人们对经验过分依赖乃至崇拜，而形成固定的思维模式，从而削弱想象力，阻碍创新思维的展开。

2. 思维障碍二：从众思维

从众就是指服从众人，别人怎样做，自己也怎样做。思维上的从众模式是比较保险的处世态度，因为跟随众人，无须自己一人承担责任，但这也阻碍了创新思维能力的发展。

3. 思维障碍三：权威思维

人是教育的产物，人们习惯对权威的言论不加思考地盲从。在多数情况下，人们习惯以专家的是非为是非，结果缺少自我思考、冲破权威、勇于创新的能力。

4. 思维障碍四：唯一答案思维

一个大学生，需经过许许多多的测验和考试，于是所谓"标准答案"的认知在他们的思想中根深蒂固。可是生活充满了种种可能性，问题可以有许多的答案，人生的道路也不只一条。所以当你以为答案只有一个时，创新就会遇到阻力。

5. 思维障碍五：自我中心思维

通常，人们往往自觉或不自觉地按照自己的观念、站在自己的立场、用自己的目光去思考别人乃至整个世界，因此产生了以自我为中心的思维模式。

然而，如果每个人都只站在自己的角度来看周围的人和事，那么人们将无法进行有效的沟通，也无法有创新的思想。

4.4.3 创造力的培养技巧

创造力是一个人非常重要的能力。因为人有创造力，人类社会才能发展到今天的阶段创造力的培养有以下几个技巧。

1. 独立思考

我们头脑中的各种理论知识，大多是来自老师或权威。学习不单单只是一个接受的过程，还要不断地创新。要避免习以为常、不加深思，养成凡事独立思考、认识自己也认识别人的习惯，需要"凡事质疑"，而创新思维的关键亦在于此。对事情提出疑问并自己思考，这是许多新事物、新观念产生的开端，也是培养创造力最基本的方法之一。

2. 打破现状的束缚、经常问自己

人的潜力是无穷的，打破现状的束缚往往能够激发一个人的创造潜力。同时，经常问自己问题，在询问中探求解决之道，提升创造力。

3. 扩张思维广度

所谓思维广度，就是指当大脑在思考一个事物、观念或者问题时，能够在多大范围内联想起别的事物和问题，以及联想的数量。某些人能够海阔天空地联想；而有些人则缺少思维的广度，往往只能在某个问题里绕圈子，思路总是打不开。要创新，思维的广度是不可少的。

在思维过程中，用更宽广的角度和视野看问题，才能更有效地进行创新思维。扩展思维的广度，也就意味着思维在数量上的增加。思考的数量越多，可供挑选的范围也就越大，产生好创意的可能性也就越大。

4. 立即捕捉灵感

我们经常会出现有创意的灵感，对于这些灵感一定要及时捕捉。因为灵感稍纵即逝,而每一个灵感都可能是一个好的创意。

4.4.4 具有创造力的人的特征

1. 思维变通

有较强创造能力的人,往往思维活跃、灵活多变,能够举一反三、触类旁通,不易受定势的影响。

有创造力的人会从不同的角度看待事物,而且有很强的自信心,不会随波逐流。他们一般都有乐观、开朗的性格,从不把任何事情看得过于严重,即使是很严肃的事。他们具有冒险精神,特别热衷于从事具有挑战性的活动与工作,喜欢探索周围的世界。

2. 有独立性

具有创造力的人往往具有独立工作的能力,从每天所干的工作和所发生的事件当中寻找前进方向,偏爱对实际事件产生反应而不是按某个人所立下的标准做事。

3. 有独特性

有创造力的人往往对问题有独特、新颖的见解,遇事常有新观念、新点子、新办法,擅长从一个独特的视角来评价和判断事物。他们具有特殊的综合能力,往往能别出心裁。

4. 快速行动

具有创造力的人绝不会仅仅是个空想者。仅有创造的想法不算具有创造力的人,还必须付诸行动、产生结果。打电话、写信、画草图、提建议等都是与创造不可分割的部分,即使是错误,也能对人们最后走上正确的道路有所帮助。

5. 经验丰富,思路开阔

有创造力的人往往经验丰富,思路开阔而流畅,方法灵活,智力活动阻碍少,反应迅速。

6. 强烈的信念

具有创造力的人不畏艰难险阻,在他们的眼里,每一个困难都是一次成功的机会,就好像登山者面临等待攀登的高山,艰难困苦过后会使人心旷神怡。具有创造力的人不满足于浅显、世俗、平庸或陈腐的东西,他们在不断的追求和探索中感到其乐无穷。他们往往与大多数人的意见不一致,而且往往对自己的信念充满信心并坚持。

具有创造力的人热情高涨、富有理想并且责任心强,他们相信高涨的热情可以使一切成为可能。具有创造力的人具有雄心壮志，他们愿意同充满信心、洞察力强、顽强执着的人一起工作。他们能够迅速意识到某一项工作的实质和重要性，不受自身想法的约束，愿意检验自己的想法，愿意接受挑战。

4.5 创造作品实例

4.5.1 创造作品实例1：以"眼镜兔"为图案的童装商标设计

设计说明：如图4-1所示，该商标主要由一只戴眼镜的微笑的兔子和文字GLASSES RABBIT组成，颜色对比鲜明。图案有以下四大特色。

（1）采用两种颜色的设计，适应了童装分女装和男装的需要，也打破了商标样式单一的传统。

（2）商标中加入了时尚流行元素——眼镜，贴近生活。

（3）商标四周设计了不规则边框，打破了以前以四边形或圆形为主的边框设计习惯，显得更加灵动。

（4）商标的主体设计采用了一只戴着眼镜、表情愉悦、舒适趴着的兔子形象，显得生动活泼，符合童装这一商品的特点。

眼镜不仅是时尚的象征，也是知识的象征，而兔子天性好动、活跃机智，把这两者的结合用于童装的商标，不仅在图案上富有创新性，而且体现了对儿童天性关怀的深刻寓意。笑眯眯的戴眼镜的兔子代表了活力、朝气，体现了"给力"这一元素要求。

图4-1 以"眼镜兔"为图案的童装商标

4.5.2 创造作品实例2：以"逗你玩"糖老鼠为图案的商标设计

设计说明：以"老鼠"为图案设计，可以作为食品的商标。这个设计整体比较可爱，与一般意义上的老鼠形成鲜明对比，色彩比较活泼，如图4-2所示。

设计的主体是黄色，不仅非常显眼，而且有年轻、阳光的寓意，说明面向的消费群体是青少年。老鼠的尾巴和耳朵是红色底的条纹状，与老鼠鼻子相呼应，也体现了活泼感。如果做成食品商标，可以以糖果为主打产品，根据商标做成不同的形状。

可以做成老鼠型的冰棍，就以此图案的身体为模型，制作不同的水果味，如香橙味等。

可以做成糖果，老鼠尾巴的色调就是糖的颜色。糖果一般都是圆形的巨大棒棒糖，可以做成三角形或者条形，但是颜色以尾巴的颜色为主。

以"逗你玩"为主题出一款糖豆。"老鼠"本身就有一个"喜欢偷油吃"的寓意，糖豆的设计不仅更适合老鼠来演绎，也更适合青少年。

图4-2 以"逗你玩"糖老鼠为图案的商标

4.5.3 创造作品实例3：以"大地马"为图案的商标设计

设计说明：以马为原型，加以变形，希望主要用于汽车商标，如图4-3所示。

在古代，马是主要的交通工具，象征着速度。以马作为汽车商标，暗示着汽车的实用性、速度快、性能佳。图案中的马的动作像是要奔跑，暗示着汽车的启动速度快。

此外，图案的主要颜色为红色和绿色，寓意为"大地"，汽车主要在地上行驶，这暗示着车的稳定性好。

最后，图案的整体之外用银色装饰，使马添了一丝硬气。在制作图案时，可以用银色金属作为轮廓，更添汽车的外观效果。

图 4-3 以"大地马"为图案的商标

4.5.4 创造作品实例4:以"给力鼠"为图案的商标设计

设计说明:本设计名叫"给力",是一个功能饮料的商标。图中表现的是一只灰色的小老鼠抬起了一个大大的坚果,如图4-4所示。设计由两部分构成:一是一个沉重的坚果,坚果的表情非常惊恐,因为它觉得很不可思议,小小的老鼠竟然把自己抬起来了;二是一只小小的老鼠,可以看出,老鼠还在穿纸尿裤,说明这个老鼠还很小,而且老鼠的表情非常轻松,小小的身体爆发出了巨大的能量,突出了设计的主题——给力。这个设计主要由两种颜色组成,灰色和黄色。两种颜色对比强烈,凸显了主题。小老鼠所具有的大大的力气,很好地契合了功能饮料本身具有的特点,也就是给运动员提供更多的力气和能量。

图 4-4 以"给力鼠"为图案的商标

4.5.5 创造作品实例5:一种"月亮船"灯饰的商标设计

设计说明:本商标属于商用物品或设备技术领域,尤其涉及一种月亮船灯。灯饰是现在家庭装饰的重要组成部分,装饰品除了漂亮以外,还要和谐。

如图 4-5 所示，整个灯饰上总共有 1 个主灯位于月亮中心，凸显出中心美，2 个副装饰灯分别位于月亮两端，另外 2 个装饰灯用灯线吊于下端，既凸显美感，又利于灯的平稳。

图 4-5 一种"月亮船"灯饰的商标

点评：从以上的创意设计中可发现，灵感源于网络流行语和生肖俗语。

其实，创意本身就有趣，创意追求意不同。我们弘扬创造是因为创造是人们战胜困难的能力，是因为创造本身就是人们追求幸福的一种本能。

本章小结

本章主要介绍了什么是创造，以及人类为什么要创造的道理。此外，本章还阐述了具有创造力的人的特征。

思考题

1. 创造的定义是什么？
2. 什么是创造力？创造力的行为表现有哪些？
3. 具有创造力的人具备哪些特征？

第 5 章

创　意

5.1　创意概述

5.1.1　创意的含义及不同说法

创意就是创出新意，提出有创造性的想法、构思，也指所创出的新意或意境。它是通过对现实存在事物的理解及认知所衍生出的一种新的抽象思维和行为潜能。创意是一种通过创新思维意识，进一步挖掘和激活资源组合方式进而提升资源价值的方法。

创意是打破常规的哲学，是破旧立新的创造与毁灭的循环，是思维碰撞、智慧对接，是具有新颖性和创造性的想法。

"把已知的、原有的元素打乱并重新地进行各种形式的排列组合，形成一个未知的、没有的新元素。"这是国际著名的广告大师詹姆斯·韦伯·扬在其著作《创意》一书中提出的理论。关于创意，有不同的说法。

说法1：创意是创造意识或创新意识的简称。

说法2：创意是一种突破，如产品、营销、管理、体制、机制等方面的突破。

说法3：创意是延续人类文明的火花，让我们把不可能变为可能，把不相关的因素联系到一起，激发出新的生命火花。

说法4：创意实际上是人的智慧，是人为解决问题而想出、做出的好方法及行为体现。

说法5：创意就是"不同"之意（创造一个新主意）。

说法6：创意就是展示（过程）→设计、美化、包装；创意就是认同（目的）→赞许、参与、拓展；创意就是效果（倍增）→放大、升值、增值。

说法7：创意是创造之意，创意就是创造的艺术之意。

说法8：创意是人们不满足于现状的一种自觉行为，创意伴随着创造而成长，创出百态，创出百花。

5.1.2　创意与发明

一个创意或概念虽然有趣，但还不是一个发明，更不是创新，它还停留在概念和思想层面。将好的、有潜力的创意和概念转化为有形的产物的过程就是发明。在这个过程中，科学和技术通常会发挥巨大的作用，也需要许多人的艰苦工作。后续的活动还包括一系列的生产制造和市场开发，这个完整的过程才能称为创新。

5.1.3　创意源于生活

创意就是创造的艺术之意，创意源于生活，更充实生活、美化生活。

创意的本质是解决问题，好创意来自生活元素的重组，而真实生活是视觉、听觉、嗅觉、味觉、触觉的综合体。创意是逻辑思维、形象思维、逆向思维、发散思维、系统思维、模糊思维和直觉、灵感等多种认知方式综合运用的结果。

创意起源于人类的创造力、技能和才华，来源于社会又指导着社会发展。发展离不开创意，这要求我们养成用心观察生活的好习惯，做个生活的有心人，不断观察生活、积累素材，每个人都有可能成为创意高手。创意无处不在，只要拥有一双善于发现的眼睛和对生活的热情，生活从来就不缺乏创意。

★案例1

创意礼物

随着生活水平的提高，人们追求浪漫温馨生活的愿望更加迫切，人与人之间传递感情的方式也越来越丰富多样，创意礼物就是其中深受欢迎的一类。无论是80后、90后、00后之间情表达意，还是70后、60后之间的追忆，玩具礼物都是重要的感情传递工具。

点评：创意伴随着创造的运用而成长，能创出百花装扮世界，使生命充满生机、活力，富有色彩。

5.2 创意在企业管理中的运用

5.2.1 年终奖是管理方法中的重要手段

在企业的管理中，奖与罚永远是管理方法中的重要手段，然而在实际运用过程中，其方法因人而异。从创意而言，奖与罚都是管理手段，而目标都是调动员工工作热情，激励员工为企业作贡献。

员工一年的辛苦付出后，最关心的事情莫过于一年一度的年终奖。而如何发放好年终奖，让企业与员工都满意，还不是一件容易的事情。

企业的年终奖名目繁多，五花八门。比如，最贴心年终奖——回家机票（车票）。春运期间，一票难求。为了照顾员工，有企业将年会奖品设置为免费为员工提供回家的车票或机票。另外，还有一些公司为员工提供了名牌汽车、大额现金等年终奖。员工是企业发展的财富和动力，善待员工，企业才有未来。

用创意来体现老板对员工的关怀，面对面的奖励形式往往比背靠背的冰冷数字要温暖得多。例如，对优秀员工奖励 10 万元不如当众奖励一辆汽车或者奖励员工带家属海外旅游一次效果好。

5.2.2 特色团建是凝集向心力的重要手段

公司各个部门各司其职，彼此之间团结合作，这是一种理想的状态。但实际上，公司内部员工之间各有想法，或者说彼此之间距离很远。他们需要一些能达到团结目的的创新团建活动形式，加强团队的凝聚力。

常见的团建活动，大多是聚餐、唱歌、户外拓展、集体旅游等。这种团建形式虽花费了不菲的预算，但往往不仅没起到相应的团建效果，有些甚至会反过来招致员工的报怨，更谈不上凝聚团队的目的。

企业在依据自己团建的目标选择团建形式和供应商的时候，越来越倾向于选择能给企业带来活力的创新型活动方案，能真正给团队带来精神上的愉悦和思想上的感悟的团建公司。有创意的团建活动能够激励大家踊跃参与，并且投入其中。

5.3 创意作品实例

5.3.1 创意作品实例1：一种自供电的黑匣子

1. 技术领域

本创意是一种飞机的声像记录设备，具体来说，是一种航天飞机、登月飞船、汽车、轮船、火车的永不断电的黑匣子，属于机械制造和节能环保的记录设备。

2. 背景技术

目前，汽车或者飞机运行情况记录仪的使用很普遍，但如果汽车掉到水里或者是飞机掉到大海里，向外发射的信号电波就消失了，为查找和营救带来了极大困难。

3. 发明内容

针对上述存在的问题，本创意提出了解决办法。本创意是一种自供电的黑匣子，是一个外表装有聚光太阳能膜的球体，是针对现有技术缺陷而设计的一种在任何情况下都能够长时间发射电波信号的永不断电的黑匣子。

4. 工作原理

本创意是一种永不断电的供飞机、汽车、轮船、火车使用的黑匣子，安装在这些交通工具上时，聚光太阳能膜的球体在太阳的照射下就可以产生电流，且由于交通工具行走时，悬挂在球体内的 N-S 磁极球就会滚动，切割扣环线圈，从而使装置产生电流。这双重电流冲向电池或者电容，就能使交通工具产生一个独立的电源，与无线电发射装置结合就是一种永不断电的飞机、汽车、轮船、火车的黑匣子。

本创意设置为可弹射的装置，飞机上安装本装置，当飞机爆炸或者掉落时，受到强大的冲击力，本设置就弹射在飞机旁边，或者掉落在树林山谷，或者在水中漂浮，由于上述的特殊装置与构造，就可以产生电流，形成独立电源与声、像等信息记录设备、无线电发射装置结合，是一种永不断电的黑匣子。

5. 主要优点和积极效果

（1）球形构造形成的独立电源构造简单，加工方便，成本低廉。

（2）有太阳能、滚动磁感应能、冷热温差能等多重发电能量，动力强大，效果好。

（3）掉落在树林山谷或者在水中时可漂浮摇动、摆动，都可以产生电流，形成独立电源，适应性强。

（4）与声、像等信息记录设备、无线电发射装置结合，是一种永不断电的飞机、汽车、轮船、火车等交通工具的黑匣子，还可用于航标灯、江河海洋动力发电、娱乐自行车、摇摆童车等多个领域，用途广泛。

6. 具体实施方式

如图 5-1 所示，本创意由球体、扣环，以及在扣环内套设的滚动的 N-S 磁极球、线圈、记录设备与无线电发射装置组成。球体内可设置有一定空间，空间内设置有扣环（扣环可设置 2~10 个或者 n 个），磁感应线圈（下称扣环线圈）嵌套在扣环上，让滚动的 N-S 磁极球穿过扣环线圈，产生电流。聚光太阳能膜在阳光的照射下可以产生电能，扣环线圈和聚光太阳能膜的电极性与其他电器设备电气连接并连接电池。球体可自动充放气体，形成一个可悬浮在空中与水面的装置，产生冷热温差能。球体和扣环可用金属、钢铁、塑料或者橡胶、电木、环氧树脂、玻璃钢等有机材料和无机材料制作。

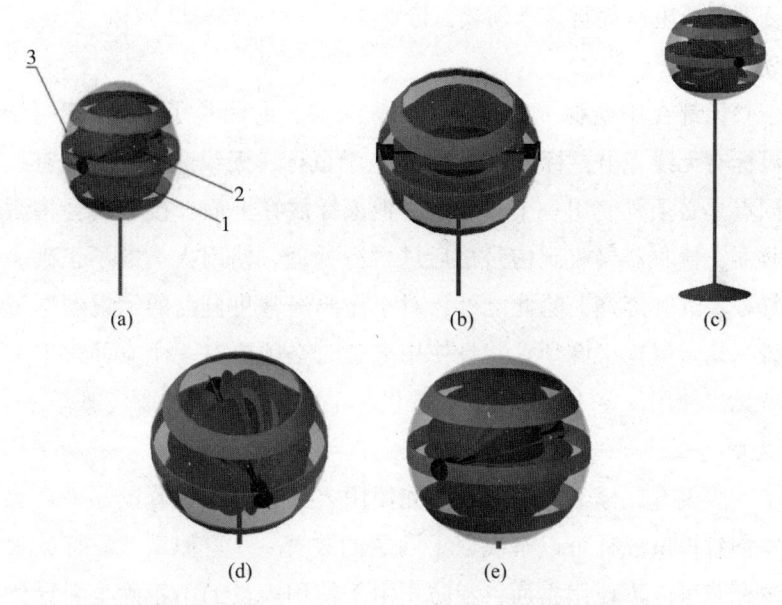

1—磁感应线圈；2—N-S 磁极球；3—装有聚光太阳能膜的球体。

图 5-1　一种自供电的黑匣子

（a）结构示意图；（b）—（e）运动过程示意图

★链 接

黑匣子是飞机专用的电子记录设备之一。黑匣子有两个：驾驶舱话音记录器（Cockpit Voice Recorder）和飞行数据记录器（Flight Data Recorder）。飞机各机械部位和电子仪器仪表都装有传感器与之相连。它能把飞机停止工作或失事坠毁前半小时的语音对话和两小时的飞行高度、速度、航向、爬升率、下降率、加速情况、耗油量、起落架放收情况、格林尼治时间，以及飞机系统工作状况和发动机工作参数等飞行参数都记录下来，供飞行实验、事故分析之用。

点评："一种自供电的黑匣子"的创意不限于飞机使用，还可以用于公务车、运钞车、出租车、私人小汽车、船泊等运载工具。

5.3.2 创意作品实例2：一种可佩戴式鼠标

1. 技术领域

本创意属于电脑耗材技术领域，特别涉及一种可佩戴式鼠标。

2. 背景技术

对于整天都在用电脑工作和学习的人来说，时间长了之后右手会感觉不适。现在的鼠标有无线光电鼠标、有线USB光学鼠标、无线激光鼠标、有线激光鼠标等，共同点是必须要使用一个接触面，把鼠标放在上面，接触面会将激光信号反射给接收器，接收器接收到信号之后进行处理。使用人员的不正确坐姿，可能导致手掌根部红肿疼痛。除此之外，对于需要经常将自己的笔记本携带在身边的人员来说，携带鼠标很麻烦，并且使用电脑时必须要有一个桌面来安放鼠标，否则鼠标就无法使用。鉴于此，有必要提供一个更好的产品，取代现有的鼠标。

3. 发明内容

为了克服现有鼠标不能脱离桌面和使用人员长时间握着鼠标手会感觉不适等问题，本创意提供一种可以解决以上问题的装置——可佩戴式鼠标，来实现当人们使用鼠标时可以不使用桌面，和防止由于使用人员的不正确坐姿导致手掌根部红肿的目的。

4. 技术方案

（1）本创意是一种可佩戴式鼠标，主要包括边缘保护套1、手链2、控制区3、左键4、右键5、电容屏6、锂电池7、充电接口8、频率调整电路9、信号发生器10、功率放大电路11、电容屏电流检测电路12、解调器13、放大滤波电路14、积分器15、A/D转换芯片16、单片机17、自动调零电路18、电平转换电路19、蓝牙发射模块20，如图5-2所示。电容屏6为弯曲曲面，下面为锂电池7。锂电池7为整个电路提供电源，可以通过充电接口8进行充电。电容屏6和锂电池7四边有边缘保护套1的保护，边缘保护套1与手链2连在一起，中间有一个环形空圆，以此来套在食指上使用。控制区3里面有电容屏6的检测驱动电路、单片机17和蓝牙发射模块20工作电路。控制区3位于手链2上方，靠近左键4和右键5。

（2）信号发生器10为可以产生正弦波信号的发生电路，其产生的正弦波的频率由单片机17通过I/O口控制。由A/D转换芯片16将单片机17的控制信号加载到频率调整电路9上，调节信号发生器10产生的正弦波的频率。同时需要将产生的正弦波信号加载到解调器13上，作为解调信号参考源。再通过功率放大电路11将产生的正弦波信号加载到电容屏6上作为电容屏6的激励信号源。当电容屏6没有被触摸时，自动调零电路18将变压器次级中心抽头上的电流调整为零；当电容屏6上有触摸信号时，将会使变压器次级中心抽头上的电流发生变化，被电容屏电流检测电路12捕获，将该信号送至解调器13，通过解调器13电路和放大滤波电路14，则可以解调输出电容屏6上的触摸点的x和y坐标I_x、I_y及与触摸轻重度Z相对应的I_z。积分器15用来提高测量精度，由单片机17控制积分时间。将积分器15输出的模拟信号经A/D转换芯片16转换成单片机17可以编码的数字信号，即完成将触摸信号变为电信号，接着将电信号转换为数字信号送到中央处理器处理。为了控制由于元件的制造工艺导致的没有触摸时变压器次级中心抽头上有电流流出造成的误差，添加了自动调零电路18，将电容屏6没有被触摸时变压器次级中心抽头的电流调为零，保证模块正常工作。

（3）当按左键4和右键5时，将电平改变，单片机17检测到改变信号，由内部软件将该信号发送到蓝牙发射模块20。由于单片机17的引脚电压和蓝牙发射模块20的引脚电压不一致，需要在中间添加电平转换电路19。电平转换电路19主要由MAX3232芯片完成。从单片机17来的数字信号经过MAX3232转换为蓝牙发射模块20能够工作的电平，送至蓝牙发射模块20的接收端，经蓝牙发射模块20的处理将信号由内部隐藏天线发射出去。

5. 有益效果

本创意操作简单，构思新颖，摆脱了鼠标需要用桌面作为承接的束缚。将人的手释放出来，更加方便，防止了长时间使用电脑时手掌根部与桌面摩擦造成的损伤。

6. 具体实施方式

电容屏 6 和锂电池 7 为上下结构，电容屏 6 在上，锂电池 7 在下，四周由边缘保护套 1 镶嵌，手链 2 与边缘保护套 1 相连，构成套在食指上的环。左键 4 和右键 5 为按键式，按一下即可以产生一个信号。单片机 17 根据左键 4 和右键 5 信号的不同和点击次数的不同决定不同的动作。控制区 3 为电容屏 6 的信号采集和处理电路、单片机 17 控制电路和蓝牙发射模块 20 的安放位置。

锂电池 7 将电能输送到电路供电路使用，当电能消耗完毕时，可通过充电接口 8 进行充电。打开鼠标的总开关，让鼠标处于工作状态，单片机 17 通过 I/O 口由特定的程序控制频率调整电路 9，从而控制信号发生器 10 产生特定频率的信号，将该信号经功率放大电路 11 处理，加载到电容屏 6 上作为工作电流，同时需要将未经功率放大电路 11 处理的正弦波信号送至解调器 13 上作为解调信号参考源。

当电容屏 6 没有被触摸时，变压器次级中心抽头没有电流输出，电容屏电流检测电路 12 检测不到信号，单片机不做动作。当电容屏 6 上有触摸时，由于手指与电容屏之间形成的电容导致变压器次级中心抽头的电流不为零，该信号被电容屏电流检测电路 12 捕获，经解调器 13 解调，同时由放大滤波电路 14 对信号进行滤波处理，则可以解调输出电容屏 6 上的触摸点的 x 和 y 坐标 I_x、I_y 及与触摸轻重度 Z 相对应的 I_z。由于放大滤波电路 14 的放大作用导致数据的精确度下降，可通过积分器 15 对信号进行时间积分，从而提高精确度。将处理得到的模拟信号经 A/D 转换芯片 16 转为数字信号，输送给单片机 17。

由于元器件不是理想元器件，导致当电容屏 6 没有触摸时，变压器次级中心抽头的电流不为零，造成数据错误。为了改善器件，添加了自动调零电路 18，将电容屏 6 在没有被触摸时，变压器次级中心抽头的电流输出调整为零。

电容屏 6 捕获到的触摸信号传到单片机 17，经软件处理，将信号输送给蓝牙发射模块 20，由于单片机 17 的引脚电平和蓝牙发射模块 20 的引脚电平不一致，所以必须在单片机 17 和蓝牙发射模块 20 之间通过电平转换电路 19 将电平转换为蓝牙发射模块 20 可以工作的电平。电平转换电路 19 一般由 MAX3232 实现，经蓝牙发射模块 20 将信号发射出去。

电容屏 6 为市面上正常使用的电容屏材质，需要改变的是将触摸面变为弯曲，方便佩戴。边缘保护套 1 和手链 2 为塑料材质，可以减轻重量。边缘保护套 1 和手链 2 为一个整体。电路板为 PCB 集成电路板。

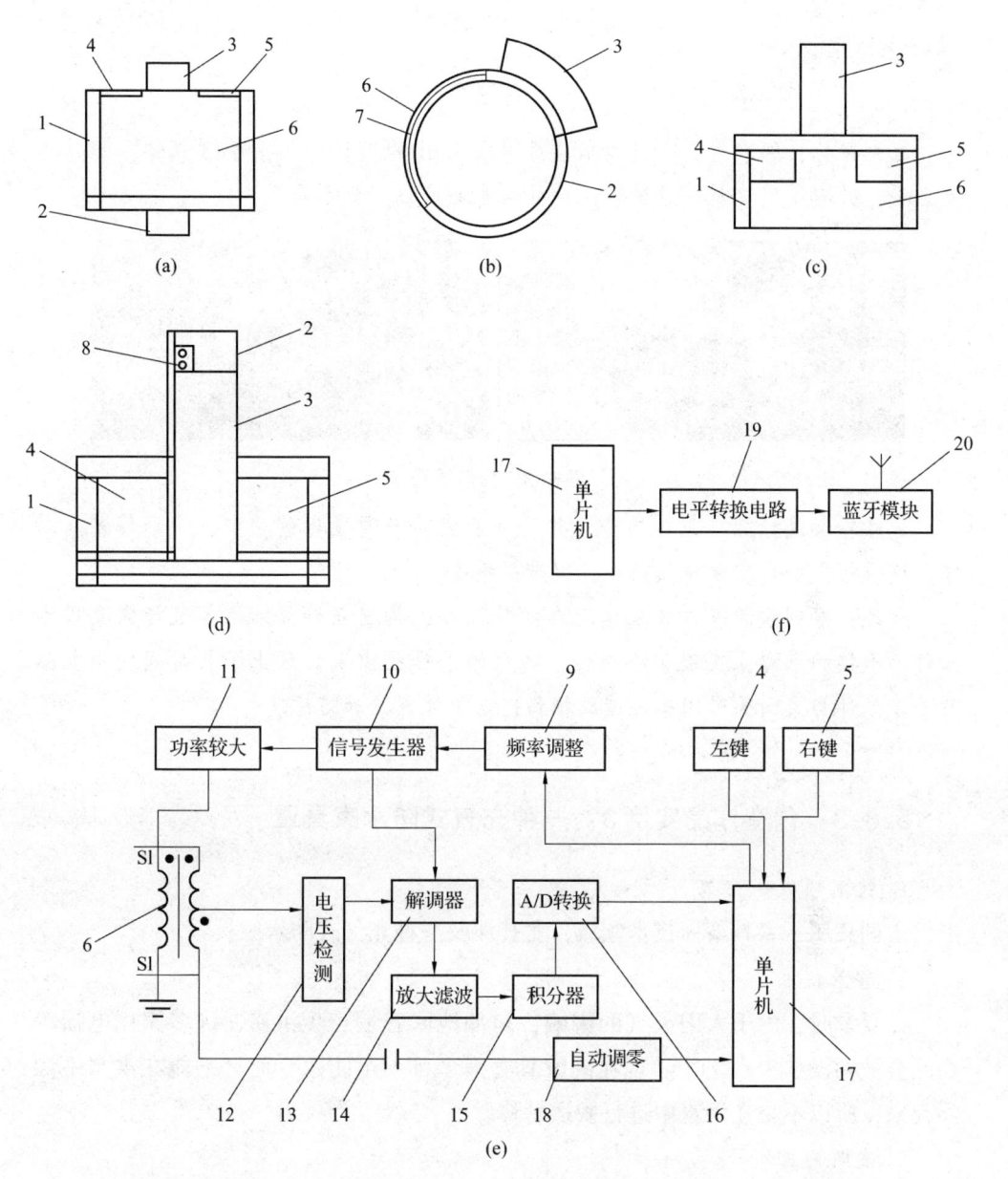

1—边缘保护套；2—手链；3—控制区；4—左键；5—右键；6—电容屏；7—锂电池；
8—充电接口；9—频率调整电路；10—信号发生器；11—功率放大电路；12—电容屏电流检测电路；
13—解调器；14—放大滤波电路；15—积分器；16—A/D 转换芯片；17—单片机；
18—自动调零电路；19—电平转换电路；20—蓝牙发射模块。

图 5-2 一种可佩戴式鼠标

(a) 主视图；(b) 右视图；(c) 俯视图；(d) 仰视图；
(e) 程序流程示意图 1；(f) 程序流程示意图 2；(g) 西南等轴测图

★链　接

指环鼠标

指环鼠标，顾名思义，就是戴在手指上操作的鼠标，如图5-3所示。单从外观上看，并看不出这是一款鼠标，设计与普通鼠标完全不同。

图5-3　指环鼠标

这款指环鼠标拥有无线功能，并且可以实现普通鼠标的拖曳、滚动等基本功能。值得一提的是，它虽然很小，但是灵敏度很高。

点评：本创意的有益效果体现在操作简单、构思新颖，结束了鼠标需要用桌面作为承接的束缚；实现了小巧化，将人的手释放出来，防止了长时间使用电脑时手掌根部与桌面长时间摩擦造成损伤；电脑操作更加随意。

5.3.3　创意作品实例3：一种充气式防水家具罩

1. 技术领域

本创意属于家具罩面技术领域，尤其涉及一种充气式防水家具罩。

2. 背景技术

在夏季时，由于大雨天气的影响，局部地区容易产生洪涝，许多家用电器等物品会被吞没在大水之中。现在的家具套大多都不可防水，而且不能在洪水中漂浮起来，所以不易在洪水中进行搬运转移。

3. 发明内容

针对上述存在的问题，本创意提出一种充气式防水家具罩，主要由家具罩外层、家具罩内层、充气口、拉链等组成，如图5-4所示。

4. 技术方案

家具罩外层6、内层7都是由防水材料制成。使用时，往家具罩的充气口5中冲入空气可以使中空的空气罩膨胀，然后将需要放入家具罩内的物品放入，拉上拉链4即可。这样就可以保证家具在家具罩里面安然无恙，如果遇到大水，家具可以漂浮起来，这样可以避免财产的损失。

5. 有益效果

制造简单、价格低廉、使用方便，可有效保护人们的家具，可在水中使用。

6. 具体实施方式

图5-4（a）中，家具2被完全罩在家具罩1里。

图5-4（b）中，在家具罩1的表面的底部有一个充气孔5。在其正面的中央安装有一个拉链4。

图5-4（c）中，家具罩1分为家具罩外层6和家具罩内层7，夹在内层和外层中间的是空气囊8。在家具罩内层7的是内部空间9，用来放家具2。

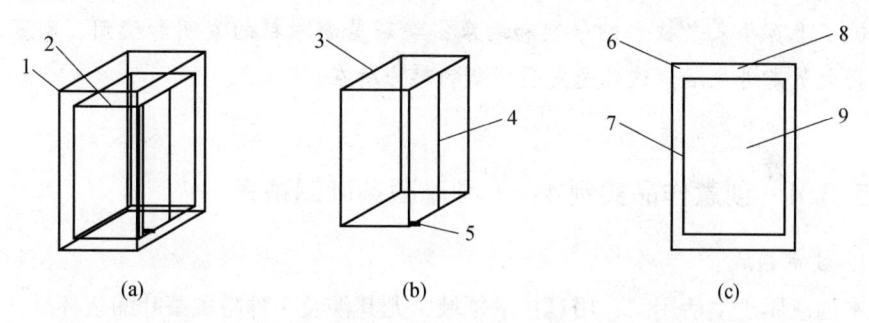

1—家具罩；2—家具；3—家具罩表面；4—拉链；5—充气口；6—家具罩外层；
7—家具罩内层；8—空气囊；9—内部空间。

图5-4 一种充气式防水家具罩
（a）使用时的示意图；（b）三维图；（c）剖面图

★ 链 接

充气式懒人沙发

充气式懒人沙发一般以通用的充气产品PVC为原料，通过加压使气体进入沙发内，如图5-5所示。它摆脱了传统家具的笨重，室内室外可随意放置。放气后体积小巧，收藏、携带都很方便，既新潮，又舒适。如今，色彩缤纷、晶莹剔透、形态奇异、造型别致的充气式沙发广受欢迎。

充气式懒人沙发有以下特点。

(1) 轻巧、使用便捷。充气前如同薄被，打包即走。

(2) 排气囊立体内胆。它可根据身体不同部分的压力主动调节承托力，提供其可调节的软硬程度完全符合国际睡眠产品协会的标准。

(3) 精心设计内部平流透气槽。充气沙发精心设计了内层面料与气胆间的平流透气系统，起到保健效果。

(4) 可换床褥面套。

图 5-5　充气式懒人沙发

点评："一种充气式防水家具罩"的创意来自生活。科技的发展、新发明的诞生打破了千百年来老技术的限定和约束，特别是新材料的发明和使用，新家具新用品将大量走进生活，这就是发明创新的魅力所在。

5.3.4　创意作品实例4：一种隐藏茶叶漏茶杯

1. 技术领域

本创意属于生活用品、用具技术领域，尤其涉及一种隐藏茶叶漏茶杯。

2. 背景技术

现在的茶杯使用的茶叶漏都不是闭合的，而且都是置于茶杯的上端。这样会影响加水时观测水面的视线，而且加水的速度也比较慢。对于茶叶，要让它快点散开的话就需要将其整个浸没在水中，但是茶叶一般都是漂浮在水面上的，而且茶叶漂浮时也会影响人们喝茶。

3. 发明内容

针对上述存在的问题，本实用新型提出一种隐藏茶叶漏茶杯，主要由杯体、杯底、茶叶漏等组成，如图5-6所示。

4. 技术方案

将茶叶放置在茶叶漏3中，然后将茶叶漏3放置在杯底2上，再将杯底2旋进杯体1即可。冲水后，水可以透过茶叶漏3上的漏洞6进入茶叶漏3，茶叶可以在茶叶漏3里面泡开并透过漏洞进入杯体1的水中。当需要取出茶叶时，也只需旋开杯底2，将茶叶从茶叶漏3取出即可。

5. 有益效果

使用简单、造价低廉，可以加快茶叶散开速度。

6. 具体实施方式

图 5-6（a）中，杯底 2 连接在杯体 1 的下部。

图 5-6（b）中，茶叶漏 3 是放置在杯体 1 和杯底 2 之间的，而且杯体 1 和杯底 2 之间可以闭合。

图 5-6（c）中，茶叶漏 3 由茶叶漏主体 4 和茶叶漏边沿 5 构成。在茶叶漏主体 4 上钻有若干个漏洞 6；茶叶漏边沿 5 可以将茶叶漏 3 固定在杯体 1 和杯底 2 之间。在茶叶漏 3 的内面是中空部分 7，用来盛装茶叶等物质。

图 5-6（d）中，在杯底 2 的上端制作有螺旋套 8，在杯体 1 下部的对应位置制作有相应的螺旋纹 9，通过螺旋纹 9 和螺旋套 8 可以实现杯体 1 和杯底 2 的套合。

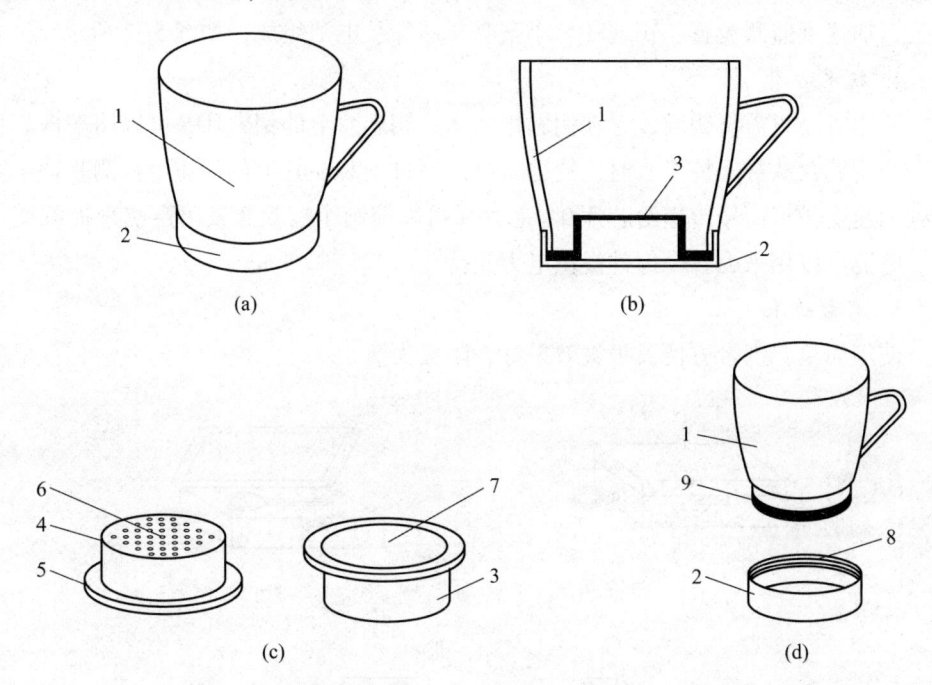

1—杯体；2—杯底；3—茶叶漏；4—茶叶漏主体；5—茶叶漏边沿；6—漏洞；
7—中空部分；8—螺旋套；9—螺旋纹。

图 5-6　一种隐藏茶叶漏茶杯

(a) 整体示意图；(b) 整体剖面图；(c) 茶叶漏的三维图；(d) 整体三维图

点评：该创意运用了发明方法中的"逆向思维法"，将滤网与杯盖融为一体，并与瓶、杯的底座实现活动连接。

5.3.5 创意作品实例5：一种"掷地有声"钥匙盒

1. 技术领域

本创意属于生活用品、用具技术领域，尤其涉及一种"掷地有声"钥匙盒。

2. 背景技术

钥匙可以说是每个家庭的必备物件，可是由于钥匙细小所以容易弄丢。而由于钥匙掉落的声音很小所以也极难被人们察觉，从而带来了不必要的麻烦。

3. 发明内容

针对上述存在的问题，本创意提出一种"掷地有声"钥匙盒，主要由钥匙盒、开关、加速度监测装置、钥匙环、小喇叭、芯片、电池组成，如图5-7所示。

4. 技术方案

使用时，只需将钥匙放置在钥匙盒里面，钥匙盒上的钥匙环5可以用来将其悬吊。当钥匙盒从身上掉下来时，钥匙盒可以通过安装在其上的加速度监测装置4监测到加速度，将信号传递给芯片9，芯片9可以控制小喇叭8发出声响来提醒使用者。电池可以用来为各个部件提供电力支持。

5. 有益效果

使用简单，携带方便，报警效果好，防丢失。

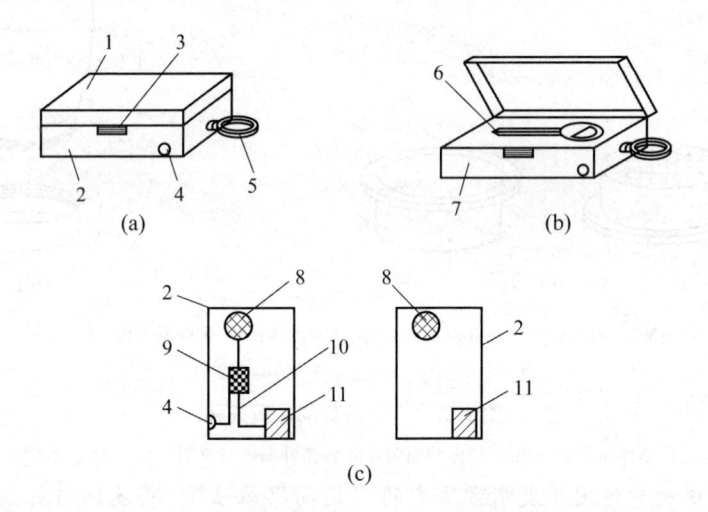

1—钥匙盒上盒面；2—钥匙盒下盒面；3—开关；4—加速度监测装置；5—钥匙环；6—钥匙；
7—钥匙盒；8—小喇叭；9—芯片；10—导线；11—电池。

图 5-7 一种掷地有声钥匙盒

(a) 整体外观示意图；(b) 使用时的示意图；(c) 底面剖视图

6. 具体实施方式

图 5-7 (a) 中，钥匙盒上盒面 1 和钥匙盒下盒面 2 连接在一起，并且相互闭合。在钥匙盒下盒面 2 的一端边缘安装有一个开关 3，作用是控制上下盒面的开启与关闭。加速度监测装置 4 安装在钥匙盒下盒面 2 的边缘。在钥匙盒下盒面 2 的一侧固定安装有一个钥匙环 5。

图 5-7 (b) 中，使用时，钥匙 6 是放置在上下盒面之间的。

图 5-7 (c) 中，在钥匙盒下盒面 2，电池 11 安装在一个角落，可以使导线 10 和芯片 9 相连。芯片 9 也通过导线 10 和小喇叭 8 和加速度监测装置 4 相连。

点评：发明没有大小之分，但有有益和无益之分。该创意"一种掷地有声钥匙盒"与已有的技术相比，进步之处在于带声、能提醒。

5.3.6　创意作品实例 6：一种带电子秤的量杯

1. 技术领域

本创意属于测量设备技术领域，尤其涉及一种带电子秤的量杯。

2. 背景技术

现在的量杯功能单一，一般不能测量所盛装的液体的质量。

3. 发明内容

针对上述存在的问题，本创意提出一种带电子秤的量杯，主要由杯体、刻度、杯底、显示屏、电子秤、压力板、电池、导线、芯片组成，如图 5-8 所示。

4. 技术方案

把所需测量的液体倒入杯体 1 后，液体会对压力板 6 产生一定的压力，电子秤 5 可以将感受到压力信号传递给芯片 9，芯片 9 可以对电子秤 5 传递来的信号进行处理并且以具体数值的方式显示在显示屏上。

5. 有益效果

实用，精度高，具有多种测量功能。

6. 具体实施方式

图 5-8 (a) 中，杯体 1 固定连接在杯底 3。在杯体 1 上印刷有刻度 2，可以显示容器中的体积。在杯底上安装有一个显示屏 4。

图 5-8 (b) 中，在杯体 1 和杯底 3 交接处固定安装有一块压力板 6，压力板 6 下端紧贴有一个电子秤 5，电子秤 5 通过导线 8 和芯片 9 相连。芯片 9 也通过导线 8 和显示屏 4 连接。芯片 9 和电子秤 5 都安装在杯底 3。电池 7 可以向芯片 9 等部件供电。

技术创新理论与实践

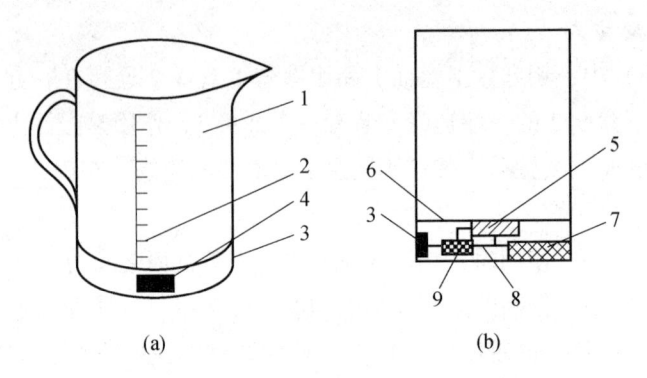

1—杯体；2—刻度；3—杯底；4—显示屏；5—电子秤；6—压力板；
7—电池；8—导线；9—芯片。

图 5-8　一种带电子秤的量杯

（a）整体示意图；（b）侧面剖视图

点评："一种带电子秤的量杯"的创意建立在发现问题的基础上。由于一般的量杯功能单一，不能测量所盛液体的质量，"一种带电子秤的量杯"使上述问题得到了很好的解决。

5.3.7　创意作品实例 7：一种定时煤气灶

1. 技术领域

本创意属于厨房用具技术领域，尤其涉及一种定时煤气灶。

2. 背景技术

煤气中毒事件和忘记关掉煤气而引发爆炸的事件在生活中时有发生，主要是现有的煤气灶都是非智能的，必须要人为监控才行，容易导致煤气泄漏或是加热时间过长。如果可以在煤气灶上加装一个定时工作的装置就可以极大地减小上述问题发生的可能性。

3. 发明内容

针对上述存在的问题，本创意提出一种定时煤气灶，主要由外壳、开关、定时面盘、支架、喷气孔、导线、芯片、电池、电动开关、进气管组成，如图 5-9 所示。

4. 技术方案

使用时，可以首先通过外壳 1 上的定时面盘进行时间设定，定时面盘会将设定好的时间通过导线 6 传递给芯片 7，芯片 7 通过控制连接在进气管 10 上的电动开关 9 来控制通气的时间，进而控制工作时间。煤气灶只有在设定好时间的前提下才能正常工作，否则不能工作。

5. 有益效果

使用简单，安全性高，省气，防煤气泄漏。

6. 具体实施方式

图 5-9（a）中，在外壳 1 上的斜面上安装有一个开关 2 和一个定时面盘 3。在煤气灶上部的中间位置有一个支架 4，在支架 4 的下部是一个喷气孔 5。

图 5-9（b）中，电池 8 安装在煤气灶的底部，通过导线 6 与芯片 7 相连，芯片 7 通过导线 6 和电动开关 9 联系在一起。电动开关 9 安装在进气管 10 上，进气管 10 最后通向喷气管。

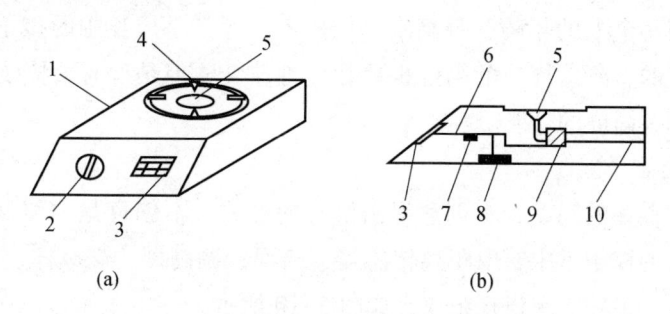

1—外壳；2—开关；3—定时面盘；4—支架；5—喷气孔；6—导线；
7—芯片；8—电池；9—电动开关；10—进气管。

图 5-9　一种定时煤气灶

（a）整体外观示意图；（b）侧面剖视图

本实用新型的目的是提供一种煤气灶定时自动断气装置，包括煤气灶、机械式定时器。在煤气灶的煤气管道上设置有电磁式开关阀，该电磁式开关阀的线圈设有中间抽头，线圈与定时器串联后连接在电源两端，中间抽头与电源一端之间串接一个启动开关。

本实用新型通过定时器控制电磁式开关阀的工作时间，结构简单、使用方便。电磁式开关阀线圈具有中间抽头，线圈引出三条导线，形成两组电路：一组是由启动开关控制的启动电路；另一组是由定时器控制的维持电路。启动电流很小，保证使用安全。

7. 前景分析

本实用新型可用于燃气灶和燃气热水器。

8. 效益分析

利用本实用新型生产的燃气灶，即全自动电子燃气灶，已有多家企业想订货，可惜现在只有几台样品，正在找合作伙伴，希望能早日进入市场。

点评：由于煤气中毒和煤气爆炸事件的燃气炉（灶）具结果触目惊心，于是想到改进方法——在炉灶上加计时器，以此来提醒主人，限定燃烧时间。

5.3.8　创意作品实例8：一种可以根据身高自动调整高度的椅子

1. **技术领域**

本创意属于家具技术领域，尤其涉及一种可以根据身高自动调整高度的椅子。

2. **背景技术**

人在不同年纪，身高也会发生变化，而且每个人的身高也是不尽相同的，这样就需要按照每个人的年龄、身高来提供座椅。尤其是成长中的孩子，身高的改变是较为迅速的，所以椅子的高度也要相应地改变，但是现有的椅子并不具备根据身高自动调整高度的功能。

3. **发明内容**

针对上述存在的问题，本创意提出解决的办法。本创意是一种可以根据身高自动调整高度的椅子，主要由距离传感器、椅面、调高器、支撑杆、底座、插头、蓄电池、芯片、齿轮、卡齿杆组成，如图5-10所示。

4. **技术方案**

当人体接近椅面2时，椅面2上端的距离传感器1可以检测到人体的高度，并且将信号传递给芯片8，芯片8根据人的高度通过控制齿轮9来实现高度的改变。齿轮9接收到信号后可以通过转动来带动支撑杆4上端的卡齿杆来调整支撑杆4的长度，进而改变椅子的高度。

5. **有益效果**

智能，方便，可以为多种年龄段和不同身高的人服务。

6. **具体实施方式**

图5-10（a）中，距离传感器1安装在椅面2的正中央，略低于椅面2的高度。在椅面2下固定连接有一个调高器3，调高器3下连接有一根支撑杆4，支撑杆4和底座5固定在一起。

图5-10（b）中，在椅面2下端的一侧连接有一个插头6，在椅面2连接插头6处还安装有一块蓄电池7。蓄电池7和芯片8之间通过导线相连，芯片8安装在距离传感器1下端并且与距离传感器1通过导线相连。芯片8通过导线控制在调高器3里面的两个对称的齿轮9，支撑杆4的上端是卡齿杆10，卡齿杆10上铸造有若干个可以和齿轮9相咬合的卡齿。

第 5 章 创 意

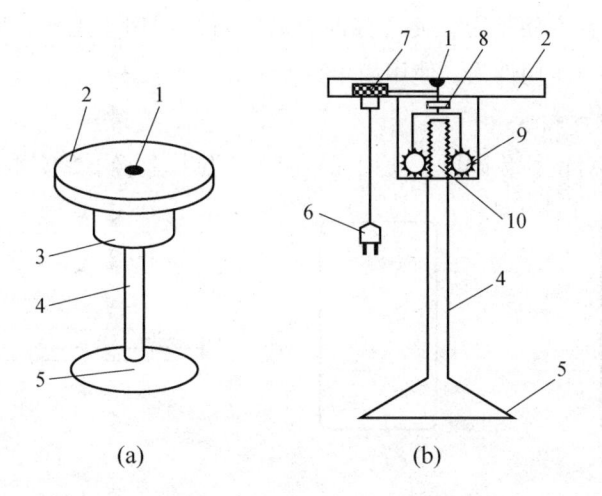

(a)　　　　　　(b)

1—距离传感器；2—椅面；3—调高器；4—支撑杆；5—底座；6—插头；
7—蓄电池；8—芯片；9—齿轮；10—卡齿杆。

图5-10　一种可以根据身高自动调整高度的椅
（a）整体外观示意图；（b）侧面剖视图

点评：由于椅子高度"因人而异"去满足不同人的需求，这就是来源于生活的创意。

5.3.9　创意作品实例9：一种可以补妆的手机

1. 技术领域

本创意属于通信用品技术领域，特别涉及一种可以补妆的手机。

2. 背景技术

随着时代的发展，女性需要承担更多的社会工作，而每个女性都有对外表的完美追求。如何将化妆品的重量、体积有效减小，并与其他必需品有效结合，成为迫切需要解决的问题。

3. 发明内容

针对上述存在的问题，本创意提出解决的方法。本创意是一种可以补妆的手机，产品在手机的绝缘背壳后有两块塑料壳、镜子、粉饼、唇彩，如图5-11所示，在不使用化妆功能时可以密闭，与手机一体，不影响手机基本功能的使用；在补妆时可以开启，使用过程中可以方便地关闭以接电话。

4. 有益效果

本创意具有安全可靠的特点，将手机背后的闲置区域作为女性化妆空间，不影响手机使用。且方便携带，便于随时补妆，可广泛用于工作、出游、逛街等场景，其构思新颖，实用性强，使用简单方便。

5. 具体实施方式

打开搭扣，对镜补妆即可。使用完毕时关上化妆盒，不影响手机使用。

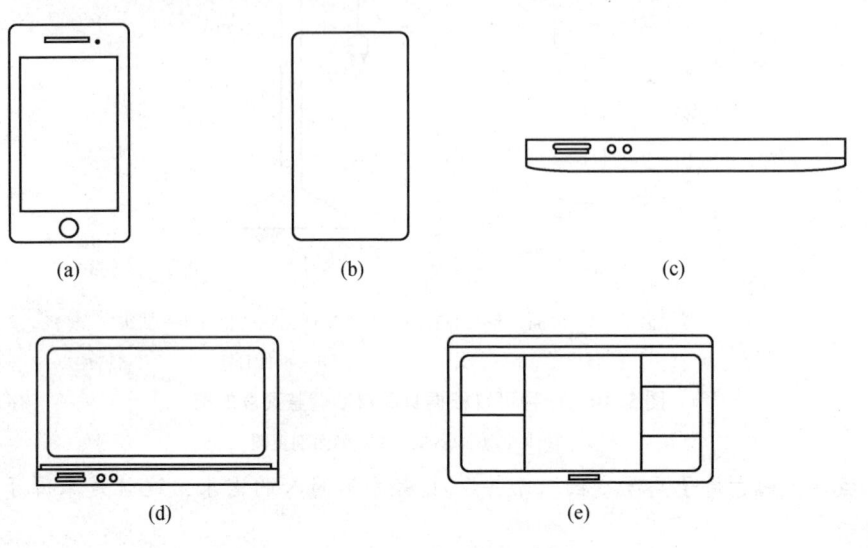

图 5-11　一种可以补妆的手机

(a) 正面；(b) 背面；(c) 左侧；(d) 主视图；(e) 俯视图

点评：该创意十分独特，目前市面上还未发现有相同产品，所以具有较强的实用性和市场推广价值。"一种可以补妆的手机"的用户主要是青年女性，针对性较强。目前手机功能越来越多，却仍然存在着不足，你能列举出几点吗？

本章小结

本章介绍了创意的不同含意及运用方法，也从实例中剖析了不同创意的优劣及存在的问题。创意虽是"不同"之意，却能"创出百态、创出火花、创出贡献、创出人生"。我们学习创意就是要运用创意，用创意去完善生活、充实人生。

思考题

1. 什么是创意？创意的含意是什么？
2. 为什么说创意源于生活？你能列举几例吗？
3. 为什么说创意是发明之源？
4. 创意与发明有什么关系？

第 6 章

专　利

6.1　专利概述

6.1.1　关于专利的不同说法

说法1：专利是具有"新颖性、实用性和创造性"的技术方案。
说法2：专利是专项技术在运用中获得的"利"。
说法3：专利是用一种方法取代现有（原有）方法的方法。

专利是一个国家用法律形式保护发明人和专利技术持有者的一种形式，也是国家执政者为维护经济正常发展制定的规则。

为了推动发明及其应用，国家以法律形式把发明确认为专利。一般意义上，人们在技术活动中做出的有新颖性、先进性和实用性的创造和改进都属于发明。由国家和法律所认定的发明则与之不同。

专利法要求的发明有新颖性，仅指提出了尚未公开的或前所未见的技术方案，有时只要求在本国有这种新颖性，这与技术发展史上的前所未有是有区别的。

专利法所说的发明的先进性是指新方案比原有技术有显著进步，而不是细微的改进。新颖的外观设计也受法律的保护，可取得专利，但通常不认定为发明。

专利法在判别发明的实用性时，包含对社会价值和国情的考虑，对于违反国家法律、社会公德或妨害公共利益的发明创造，不授予专利权。对于药品、食品、核物质、疾病的诊断和治疗方法等方面的发明，一般不授予专利。

发明是有价值和使用价值的成果，专利法把发明的商品属性以法律形式固定下来，使之成为不得无偿占有的财产，从而保护发明者的利益。专利法还要求发明者公开其创造成果以利于他人有偿使用，并把实施发明创造作为专利权人的法律义务，以促进技术信息交流和发明的推广应用。

6.1.2 专利法

世界上最早建立专利制度的是当时的威尼斯共和国。公元1474年，威尼斯共和国制定了世界上第一部专利法，并依法颁发了世界上的第一号专利。

美国于1790年，法国于1791年，德国于1877年，日本于1885年，中国于1984年也都制定了专利法。

6.1.3 申请专利的重要性

有这样一种说法：企业的竞争体现在市场上，市场的竞争体现在商品上，商品的竞争体现在技术上，技术的竞争体现在知识产权上，随着知识经济的蓬勃发展，专利作为自主科技成果，其数量规模将不断扩张，转化要求将日益迫切。有没有专利关系到企业的生存，也关系到个人的生存和发展。

专利中要解决的问题对产品越重要，就越需要申请。专利对自己的保护力度越大，越需要申请。对手侵犯我们专利的可能性越大，越需要申请。

专利就是所有权问题，也就是所谓的知识产权问题。从国际市场来看，由跨国企业掀起的知识产权竞争浪潮，势头一浪高过一浪，正不断冲击着我国的各个行业，企业正承受着前所未有的压力。而从国内来看，知识产权政策体系还不完善，我国相关企业和组织尚缺乏足够的知识产权意识和能力，处境被动。

因此，全面提升我国企事业单位知识产权的管理、实施和保护能力已迫在眉睫。专利能够让企业在激烈的市场竞争中占据有利的位置，尤其是对于中小型企业而言，好的专利足以令其在市场中立于不败之地。具体来说，专利具有如下功能。

1. 独占市场

一种产品只要被授予了专利权，就等于在市场上具有了独占权。未经专利权人的许可，任何人都不得生产、销售、许诺销售、使用、进口该专利产品。因此，专利有占领和保护市场的作用。这种作用在《关税及贸易总协定》制定了与贸易相关的知识产权保护协定后更加突出了。它把对专利的保护与国际间的贸易挂钩，强化了对专利的保护力度。

2. 防止他人模仿本企业开发的新技术、新产品

一旦申请专利,无论这项技术通过发表论文,还是参加学术会议或展示会,或以其他方式公开,均受法律保护。任何人即使通过上述途径学会或掌握了这项技术,也不能随便使用。

例如,某研究所研制的一种仿真器,很快就有 20 家企业仿制,由于没申请专利,损失巨大。后来该所重新研制成功另一种仿真器,在投放市场之前申请了专利,获得了法律保护,有效地防止了他人的模仿行为。

技术含量高的产品需要专利保护,技术含量低的产品更需要专利保护,因为技术含量低的产品更容易被模仿。

3. 专利技术可以作为商品出售(转让)

纯技术一旦被授予专利权就变成了工业产权,形成了无形资产,具有了价值。

因此,技术发明只有申请专利,经专利局审查并授予专利权之后,才能变成国际公认的无形资产。

4. 避免被他人抢先申请专利

虽然专利法规定,在专利申请日前,该专利应当在国内没有公开制造、销售、使用过,但由于事后要取得相应的有效证据相当困难,因此,存在他人将已经公开的产品或技术拿去申请并获得有效专利的可能。

5. 宣传效果好

在宣传广告或产品上打上专利标志,消费者会认为这种商品更具可靠性、信用性,从而提高了企业的知名度。例如美的公司申请了几百项专利,在其部分专利产品上打上标志,市场声誉很好。

6. 避免在会展上撤下展品的尴尬

在展览会上,专利权好比是新产品的"出生证"。谁拥有该"出生证",谁就拥有了该产品作为专利产品展示的权利。否则,随时有被责令撤下的危机,甚至会被取消参展资格。因此,参展企业对自己研发的新产品应当及时申请专利,对于由供货商完成研发的新产品则建议其申请专利后再组织参展。

此外,专利一般还作为企业上市和企业其他评审中的一项重要指标,以及科研成果市场化的桥梁。

总之,专利既可用作"盾",保护自己的技术和产品;也可用作"矛",打击对手的侵权行为。

6.1.4 专利号的含义

专利号是在授予专利权时给出的编号,是文献号的一种,是产权局在公布专

利文献（包括公开出版和仅提供阅览复制）时编制的序号。

申请号：专利申请人向国家知识产权局提出专利申请，国家知识产权局给予专利申请受理通知书，并给予专利的申请号。

专利申请人获得专利权后，国家知识产权局颁发的专利证书上的专利号格式为 ZL（专利的首字母）+申请号。若一个专利还在申请过程中，但是却在申请号前加上 ZL（使消费者误以为是授权专利），属于假冒专利行为，工商行政部门会依法给予查处。

2004 年之前的专利号分为四段。例如 97101765.4，第一段为前两位，表示提出专利申请的年份，"97"表示 1997 年提出的申请；第二段是第三位数字，表示专利申请的种类，"1"表示发明，"2"表示实用新型，"3"表示外观设计，"8"为 PCT 发明专利申请，"9"表示 PCT 实用新型专利申请；第三段由第四到第八位组成，表示当年该类申请的序号数，如 01765 表示当年第 1765 件申请；第四段是第九位的一位数字或符号，是计算机自动生成的校验位，它是用前 8 位数字依次和 2、3、4、5、6、7、8、9 相乘，将它们的乘积相加所得之和除以 11 后所得的余数。当余数等于或大于 10 时，用 X 表示。如专利号 ZL95115608.X，最后一位数字的计算方法为 $9×2+5×3+1×4+1×5+5×6+6×7+0×8+8×9=186$，将 186 除以 11，所得余数为 10，即用 X 表示。专利号可识别专利的真伪及估计专利的价值。

自 2004 以后，专利号基本格式为 200410000001.1，第一段 2004 表示 2004 年；第二段由第五位数组成，表示申请的种类；第三段由第六至十二位组成，代表当年该类别申请的序号数（位数的增加一方面代表着专利申请量的增加）；第四段由最后一位数字或符号组成，是计算机自动生成的校验位，由计算机给予。

6.2 申请专利的要求

《中华人民共和国专利法》第二十二条规定：授予专利权的发明和实用新型，应当具备新颖性、创造性和实用性。

新颖性，是指该发明或者实用新型不属于现有技术；也没有任何单位或者个人就同样的发明或者实用新型在申请日以前向国务院专利行政部门提出过申请，并记载在申请日以后公布的专利申请文件或者公告的专利文件中。

创造性，是指与现有技术相比，该发明具有突出的实质性特点和显著的进步，该实用新型具有实质性特点和进步。

实用性，是指该发明或者实用新型能够制造或者使用，并且能够产生积极效果。

本法所称现有技术，是指申请日以前在国内外为公众所知的技术。

第二十三条规定：授予专利权的外观设计，应当不属于现有设计；也没有任何单位或者个人就同样的外观设计在申请日以前向国务院专利行政部门提出过申请，并记载在申请日以后公告的专利文件中。

授予专利权的外观设计与现有设计或者现有设计特征的组合相比，应当具有明显区别。

授予专利权的外观设计不得与他人在申请日以前已经取得的合法权利相冲突。

本法所称现有设计，是指申请日以前在国内外为公众所知的设计。

第二十四条规定：申请专利的发明创造在申请日以前六个月内，有下列情形之一的，不丧失新颖性。

（一）在中国政府主办或者承认的国际展览会上首次展出的。

（二）在规定的学术会议或者技术会议上首次发表的。

（三）他人未经申请人同意而泄露其内容的。

第二十五条规定：对下列各项，不授予专利权。

（一）科学发现。

（二）智力活动的规则和方法。

（三）疾病的诊断和治疗方法。

（四）动物和植物品种。

（五）用原子核变换方法获得的物质。

（六）对平面印刷品的图案、色彩或者二者的结合作出的主要起标识作用的设计。

对前款第（四）项所列产品的生产方法，可以依照本法规定授予专利权。

6.3　申请专利的注意事项

6.3.1　申请专利的目的

专利申请的目的包括：通过专利来证实自己与别人不同（创新能力）；通过专利由穷变富（改变现状）；通过专利升学、加分、升职、提职称（现实目标的手段）；通过专利占有市场（实现垄断）。

6.3.2 避免"垃圾专利"

"垃圾专利"指那些没有任何创新内容的专利。因为实用新型、外观设计专利申请不进行实质性审查,因此很多这方面专利的新颖性、实用性、创造性并不能保证。这类专利技术要么只是在低层面重复别人的技术,含金量低;要么从市场角度看根本没有转化价值,只是满足个人需求的发明。

如不少发明人的技术针对性太强,在发明之时是从解决个人特定需要出发的,因此很可能就只适合极小的人群,专利的可推广性很差。

6.3.3 避免存在极大缺陷的技术

存在缺陷的技术专利的出现有一部分原因是发明者急功近利。很多发明人在技术的可靠性还没有得到充分验证的时候,就匆忙申请专利并向市场推广。这种技术看起来十分具有创新性,从理论上也是行得通的,可是很难得到工业化生产的验证。它们是实验室的产物,投入成本高于实际收益,如果生产还可能存在很多致命的缺陷。

6.3.4 避免专利转化风险太大

一些技术太过前沿,从而充满了很多的不确定性,从商业角度而言,转化的风险极大。另外,还有一种就是例如永动机这种违背自然规律的发明,是不可能转化的。

6.3.5 避免盲目转化

随着全球化竞争加剧,专利已成为企业利益的重要保障。成熟的企业在专利申请上会有很多策略上的考量,其中有些专利不是为了保护某项技术,而是为了防止他人起诉侵权而申请的;有些专利是组合申请的,目的只是保护某个核心的专利技术,就像商标有联合商标和防御注册一样,真正使用的只有一个核心的专利技术,这些专利是不需要转化的。

6.4 正确撰写专利申请文件

申请人在确定自己的发明创造需要申请专利之后,必须以书面形式或在网上向国家知识产权局提出申请,当面递交或挂号邮寄专利申请文件均可。

申请发明或实用新型专利时，应提交发明或实用新型专利请求书、权利要求书、说明书、说明书附图（有些发明专利可以省略）、说明书摘要、摘要附图（有些发明专利可省略）各一式两份，均须打印成规范文本，文字和附图均应为黑色。

申请外观设计专利时，应提交外观设计专利请求书、外观设计图或照片各一式两份，必要时可提交外观设计简要说明一式两份。国家知识产权局正式受理专利申请之日为专利申请日。申请人可以直接到国家知识产权局申请专利，也可以委托专利代理机构代办专利申请事项。

6.4.1 撰写说明书

（1）申请发明专利或者实用新型专利应当提交说明书，一式一份。

（2）说明书应当打字或者印刷，字迹应当整齐清晰，呈黑色，符合制版要求，不得涂改，字高在3.5毫米至4.5毫米之间，行距在2.5毫米至3.5毫米之间。纸张应当纵向使用，只限使用正面，四周应当留有页边距：左侧和顶部各25毫米，右侧和底部各15毫米。

（3）说明书第一页第一行应当写明发明创造名称，该名称应当与请求书中的名称一致，并左右居中。发明创造名称与说明书正文之间应当空一行。说明书格式上应当包括技术领域、背景技术、发明内容、附图说明、具体实施方式五个部分，并且在每一部分前面写明标题。

说明书无附图的，说明书文字部分不包括附图说明及其相应的标题。说明书文字部分可以有化学式、数学式或者表格，但不得有插图。

（4）涉及核苷酸或氨基酸的申请，应当将该序列表作为说明书的一个单独部分，并单独编写页码。申请人应当在申请的同时提交与该序列相一致的光盘或软盘，该光盘或软盘应符合国家知识产权局的有关规定。

（5）说明书应当在每页下框线居中位置顺序编写页码。

（6）图的编号。

附图总数在两幅以上的，应当使用阿拉伯数字顺序编号（此编号与图的编页无关），并在编号前冠以"图"字，例如图1、图2。该编号应当标注在相应附图的正下方。只有一幅图时不必编号。

（7）图的绘制。

1）应当使用包括计算机在内的制图工具和黑色墨水绘制，线条应当均匀清晰、足够深，不得着色和涂改，不得使用工程蓝图。

2）剖视图应当标明剖视的方向和被剖视的图的布置。

3）剖面线间的距离应当与剖视图的尺寸相适应，不得影响图面整洁（包括附图标记和标记引出线）。

4）图中各部分应当按比例绘制。

5）附图的大小及清晰度应当保证在该图缩小到三分之二时仍能清晰地分辨出图中各个细节，以满足复印、扫描的要求为准。

（8）图中文字。

除一些必不可少的词语外，例如"水""蒸气""开""关""A-A剖面"，图中不得有其他的注释。

（9）附图标记。

附图标记应当使用阿拉伯数字编号，申请文件中表示同一组成部分的附图标记应当一致，但并不要求每一幅图中的附图标记连续，说明书文字部分中未提及的附图标记不得在附图中出现。

（10）说明书附图应当在每页下框线居中位置顺序编写页码。

专利说明书模板如下。

申请专利的名称

所属技术领域（归属）

本实用新型（名称）所属×××技术领域，特别涉一种×××（名称）。

背景技术（发明理由）

公知（已知），×××……。

发明内容（解决问题的办法）

针对上述存在的问题，本实用新型（发明）提出解决的办法，其技术方案是：××××。

本实用新型（发明）的有益效果是：（优点）。

附图说明

下面结合附图及实施例对本实用新型（发明）作进一步说明。

其中（图中）的图（a）是本实用新型（发明）的实施例的主视图的结构示意图。

图（b）是实用新型（发明名称）结构俯视图的示意图。

具体实施方式（方位、位置、连接方式及结构间的描述）

在图（a）、图（b）所示的×××。

第6章 专　利

★ 案例1

一种可设置升降的车窗防盗装置

技术领域

本发明涉及一种防盗装置，尤其是涉及一种可设置升降的车窗防盗装置。

背景技术

随着经济发展，私家车进入千家万户。现有的汽车车门防盗技术已经十分成熟，但还是常有汽车失窃及汽车内物品失窃等事件发生。

发明内容

本发明提供一种可设置升降的车窗防盗装置，网托与齿条连接呈上下位置并支撑防盗网窗，电机输出动力使传动齿轮组带动齿条沿三角滑槽上下运动。汽车停靠时，车主可设置防盗网窗从车门下端伸出至车门顶部，网栓置于车门顶部与车门锁联动，拴住防盗网窗实现车内与车外的隔离。

技术方案

车窗防盗装置由电机、减速器、传动齿轮组、三角滑槽、齿条、网托、防盗网窗、网栓组成，如图6-1所示。当车主设置门锁锁上的同时，网栓拴住防盗网窗隔离车内与车外，即使车窗被砸碎，防盗网窗依然能将不法分子隔离于车厢外，阻止不法分子强行取走车内物品甚至盗走汽车。

有益效果

本发明具有安全可靠的特点，可以广泛用于警车、邮车、救护车、火车等车窗，可以安装于家庭铝合金门窗、铁塑门窗内作防盗之用。其构思新颖，实用性强，能通过电机设置防盗网窗伸出或收入，升降自如，能有效防止物品失窃，造福千家万户。

附图说明：

下面结合附图及实施例对本发明作进一步说明。

图6-1（a）是本发明的实施例的主视图。

图6-1（b）是侧视图。

图中，1表示电机，2表示减速器，3表示传动齿轮组，4表示三角滑槽，5表示齿条，6表示网托，7表示防盗网窗，8表示网栓，9表示车门，10表示车窗玻璃。

具体实施方式

图6-1（a）、图6-1（b）所示的车窗防盗装置实施例中，网托6与齿条5连接呈上下位置并支撑防盗网窗7，电机1通过减速器2降低输出转速并输出动力使

传动齿轮组3带动齿条5沿三角滑槽4上下运动。汽车停靠时，车主可设置防盗网窗7从车门9下端伸出至车门9顶部，网栓8置于车门9顶部与车门锁连动，拴住防盗网窗7，隔离车内与车外。

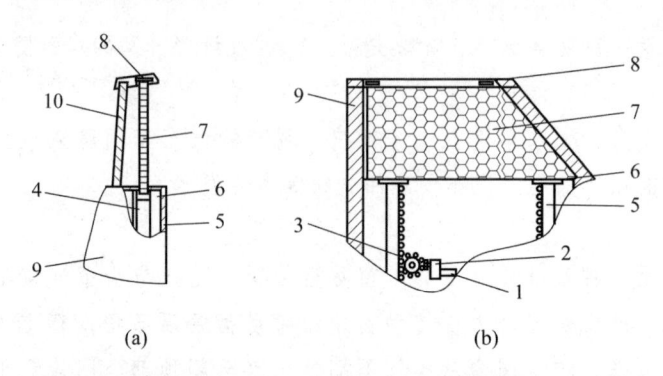

1—电机；2—减速器；3—传动齿轮组；4—三角滑槽；5—齿条；
6—网托；7—防盗网窗；8—网栓；9—车门；10—车窗玻璃。

图6-1 一种可设置升降的车窗防盗装置
(a) 主视图；(b) 侧视图

6.4.2 撰写说明书摘要

（1）申请发明专利或者实用新型专利应当提交说明书摘要，一式一份。

（2）说明书摘要文字部分应当打字或者印刷，字迹应当整齐清晰，黑色，符合制版要求，不得涂改，字高在3.5毫米至4.5毫米之间，行距在2.5毫米至3.5毫米之间。纸张应当纵向使用，只限使用正面，四周应当留有页边距：左侧和顶部各25毫米，右侧和底部各15毫米。

（3）说明书摘要文字部分应当写明发明或者实用新型的名称和所属的技术领域，清楚反映所要解决的技术问题，解决该问题的技术方案的要点及主要用途。说明书摘要文字部分不得加标题，文字部分（包括标点符号）不得超过300个字，对于进入国家阶段的国际申请，其说明书摘要译文不限于300个字。

（4）说明书摘要附图应当使用规定格式的表格绘制。

专利说明书摘要模板如下。

申请专利的名称

一种（名称）由××××构成，主要解决××××问题。本实用新型（发明）具×××的用途及优点。

★案例2

一种车窗防盗装置

一种车窗防盗装置，由电机、减速器、传动齿轮组、三角滑槽、齿条、网托、防盗网窗、网栓组成。本发明主要解决时下不少汽车停放时遭砸碎玻璃被盗窃车内财物甚至汽车失窃的问题，主要提供一种可设置升降的车窗防盗装置。它构思新颖，实用性强，安全可靠。

本发明的优点是：网托与齿条连接呈上下位置并支撑防盗网窗，电机输出动力使传动齿轮组带动齿条沿三角滑槽上下运动；汽车停靠时，车主可设置防盗网窗从车门下端伸出至车门顶部，网栓置于车门顶部与车门锁连动，拴住防盗网窗，隔离车内与车外，防止不法分子通过暴力砸碎车窗玻璃的手法强行取走车内物品甚至盗走汽车，为车主提供安全、舒适、保险的服务。本发明可以广泛用于警车、邮车、救护车、火车等车窗，可以安装于家庭铝合金门窗、铁塑门窗内防盗。本发明如能投入使用，必定能有效防止物品失窃，造福千家万户。

6.4.3 撰写外观设计专利

外观设计专利请求书如表6-1所示。

表6-1 外观设计专利请求书

请按照"注意事项"正确填写本表各栏	此框内容由国家知识产权局填写
⑥ 使用外观设计的产品名称	① 申请号（外观设计）
	② 分案 提交日
⑦ 设计人	③ 申请日
	④ 费减审批

续表

⑧第一设计人国籍　　居民身份证件号码			⑤挂号号码	
⑨申请人	申请人(1)	姓名或名称		电话
		居民身份证件号码或统一社会信用代码/组织机构代码 □请求费减且已完成费减资格备案		电子邮箱
		国籍或注册的国家（地区）		经常居所地或营业所所在地
		邮政编码	详细地址	
	申请人(2)	姓名或名称		电话
		居民身份证件号码或统一社会信用代码/组织机构代码 □请求费减且已完成费减资格备案		电子邮箱
		国籍或注册的国家（地区）		经常居所地或营业所所在地
		邮政编码	详细地址	
	申请人(3)	姓名或名称		电话
		居民身份证件号码或统一社会信用代码/组织机构代码 □请求费减且已完成费减资格备案		电子邮箱
		国籍或注册的国家（地区）		经常居所地或营业所所在地
		邮政编码	详细地址	
⑩联系人		姓　名	电话	电子邮箱
		邮政编码	详细地址	
⑪代表人为非第一署名申请人时声明　　　　特声明第___署名申请人为代表人				
⑫专利代理机构	代理人(1)	名称		
		姓名		代理人(2) 姓名
		执业证号		执业证号
		电话		电话
⑬分案申请	原申请号		针对的分案申请号	原申请日 　年　月　日

续表

⑭ 要求外国优先权声明	原受理机构名称	在先申请日	在先申请号	⑮ 不丧失新颖性宽限期声明	□已在中国政府主办或承认的国际展览会上首次展出 □已在规定的学术会议或技术会议上首次发表 □他人未经申请人同意而泄露其内容
⑯ 相似设计	□本案为同一产品的相似外观设计，其所包含的项数为____项					
⑰ 成套产品	□本案为成套产品的多项外观设计，其所包含的项数为____项					
⑱ 延迟审查	□请求对本申请延迟审查，延迟期限为 1 年 □请求对本申请延迟审查，延迟期限为 2 年 □请求对本申请延迟审查，延迟期限为 3 年					

⑲申请文件清单 1. 请求书 __份 __页 2. 图片或照片 __份 __页 3. 简要说明 __份 __页 图片或照片__幅	⑳附加文件清单 □费用减缓请求书 □费用减缓请求证明 □优先权转让证明　　　　　__份　共__页 □专利代理委托书　　　　　__份　共__页 □总委托书（编号_____） □在先申请文件副本　　　　__份 □在先申请文件副本首页译文 __份 □其他证明文件（名称____）__份　共__页
㉑全体申请人或专利代理机构签字或者盖章 　　　　　　　　　　年　月　日	㉒国家知识产权局审核意见 　　　　　　　　　　年　月　日

外观设计专利英文信息表

使用外观设计的产品名称	
设计人姓名	
申请人名称及地址	

(1) 申请外观设计专利,应当提交外观设计专利请求书、外观设计图片或照片,以及外观设计简要说明。(表格可在国家知识产权局网站下载)

(2) 本表应当使用国家公布的中文简化汉字填写,表中文字应当打字或者印刷,字迹为黑色。外国人姓名、名称、地名无统一译文时,应当同时在请求书英文信息表中注明。

(3) 本表中方格供填表人选择使用,若有方格后所述内容的,应当在方格内标记。

(4) 本表中所有详细地址栏,本国的地址应当包括省(自治区)、市(自治州)、区、街道门牌号码,或者省(自治区)、县(自治县)、镇(乡)、街道门牌号码,或者直辖市、区、街道门牌号码。有邮政信箱的,可以按规定使用邮政信箱。外国的地址应当注明国别、市（县、州），并附具外文详细地址。其中，申请人、专利代理机构、联系人的详细地址应当符合邮件能够迅速、准确投递的要求。

(5) 填表说明。

①本表第1、2、3、4、5、21栏由国家知识产权局填写。

②本表第6栏使用外观设计的产品名称应当与外观设计图片或者照片中表示的外观设计相符合，准确、简明地表明要求保护的产品的外观设计。产品名称一般应当符合国际外观设计分类表中小类列举的名称。产品名称一般不得超过20个字。

③本表第7栏设计人应当是个人。设计人有两个以上的应当自左向右顺序填写。设计人姓名之间应当用分号隔开。设计人可以请求国家知识产权局不公布其姓名。若请求不公布姓名，应当在此栏所填写的相应设计人后面注明"（不公布姓名）"。

④本表第8栏应当填写第一设计人国籍，第一设计人为中国内地居民的，应当同时填写居民身份证件号码。

⑤本表第9栏申请人是个人的，应当填写本人真实姓名，不得使用笔名或者其他非正式的姓名；申请人是单位的，应当填写单位正式全称，并与所使用的公章上的单位名称一致。申请人是中国单位或者个人的，应当填写其名称或者姓名、地址、邮政编码、统一社会信用代码/组织机构代码或者居民身份证件号码；申请人是外国人、外国企业或者外国其他组织的，应当填写其姓名或者名称、国籍或者注册的国家或者地区、经常居所地或者营业所所在地。申请人请求费用减缴且已完成费减资格备案的，应当在方格内做标记，并在本栏填写证件号码处填写费减备案时使用的证件号码。

⑥本表第10栏，申请人是单位且未委托专利代理机构的，应当填写联系人，并同时填写联系人的通信地址、邮政编码、电子邮箱和电话号码，联系人只能填写一人，且应当是本单位的工作人员。申请人为个人且需由他人代收国家知识产权局所发信函的，也可以填写联系人。

⑦本表第11栏，申请人指定非第一署名申请人为代表人时，应当在此栏指明被确定的代表人。

⑧本表第12栏，申请人委托专利代理机构的，应当填写此栏。

⑨本表第13栏，申请是分案申请的，应当填写此栏。申请是再次分案申请的，还应当填写所针对的分案申请的申请号。

⑩本表第14栏，申请人要求外国优先权的，应当填写此栏。

⑪本表第15栏，申请人要求不丧失新颖性宽限期的，应当填写此栏，自申请日起两个月内提交证明文件。

⑫本表第16栏，同一产品两项以上的相似外观设计，作为一件申请提出时，申请人应当填写相关信息。一件外观设计专利申请中的相似外观设计不得超过10项。

⑬本表第17栏，用于同一类别并且成套出售或者使用的产品的两项以上外观设计，作为一件申请提出时，申请人应当填写相关信息。成套产品外观设计专利申请中不应包含某一件或者几件产品的相似外观设计。

⑭本表第18栏，申请人请求延迟审查的，应当填写此栏。请注意，延迟审查请求只能选择一项，在提出延迟审查请求后，请求人不得更改延迟期限或撤销延迟审查请求。

⑮本表第19、20栏，申请人应当按实际提交的文件名称、份数、页数及图片或照片幅数正确填写。

⑯本表第21栏，委托专利代理机构的，应当由专利代理机构加盖公章。未委托专利代理机构的，申请人为个人的应当由本人签字或盖章，申请人为单位的应当加盖单位公章；有多个申请人的由全体申请人签字或者盖章。

⑰本表第7、9、14栏，设计人、申请人、要求外国优先权声明的内容填写不下时，应当使用规定格式的附页续写。

6.4.4 外观设计简要说明

（1）申请外观设计专利的应当提交对该外观设计的简要说明。

（2）外观设计专利权的保护范围以表示在图片或者照片中的该产品的外观设计为准，简要说明可以用于解释图片或者照片所表示的该产品的外观设计。

（3）简要说明应当包括下列内容。

1）外观设计产品的名称。简要说明中的产品名称应当与请求书中的产品名称一致。

2）外观设计产品的用途。简要说明中应当写明有助于确定产品类别的用途。对于具有多种用途的产品，简要说明应当写明所述产品的多种用途。

3）外观设计的设计要点。设计要点是指与现有设计相区别的产品的形状、图案及其结合，或者色彩与形状、图案的结合，或者部位。对设计要点的描述应当简明扼要。

4）指定一幅最能表明设计要点的图片或者照片。指定的图片或者照片用于出版专利公报。

（4）下列情形应当在简要说明中写明。

1）请求保护色彩或者省略视图的情况。

如果外观设计专利申请请求保护色彩，应当在简要说明中声明。如果外观设计专利申请省略了视图，申请人通常应当写明省略视图的具体原因，例如因对称或者相同而省略；如果难以写明的，也可仅写明省略某视图，例如大型设备缺少仰视图，可以写为"省略仰视图"。

2）对同一产品的多项相似外观设计提出一件外观设计专利申请的，应当在简要说明中指定其中一项作为基本设计。

3）对于花布、壁纸等平面产品，必要时应当描述平面产品中的单元图案两方连续或者四方连续等无限定边界的情况。

4）对于细长物品，必要时应当写明细长物品的长度采用省略画法。

5）如果产品的外观设计由透明材料或者具有特殊视觉效果的新材料制成，必要时应当在简要说明中写明。

6）如果外观设计产品属于成套产品，必要时应当写明各套件所对应的产品名称。

简要说明不得使用商业性宣传用语，也不能用来说明产品的性能和内部结构。

6.5 专利作品实例

6.5.1 专利作品实例1：汽车安全逃离装置

1. 背景资料

一种能安全逃生的机械装置，涉及（所属）汽车遇险（撞击）时能安全逃离事故车的技术领域，利用物理学中作用力与反作用力的原理，巧妙设计出一种汽车遇险时瞬间产生强大撞击力使机械装置发生脱离而逃生，从而保证驾驶员及车内其他乘员的生命安全和财产安全，是目前汽车气囊保护装置之后又一种汽车安全保护装置。

它由汽车内外壳、销钉和保险扣组成一种弹射装置，如图6-2所示。它还能与机械装置之外的气动、液动、电子等装置一起配合使用，可组成其他种类的汽车安全保护装置。

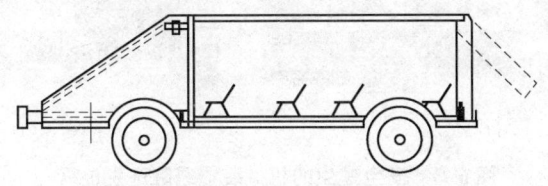

图6-2 一种能安全逃生的机械装置

技术创新理论与实践

车头的金属支架专门用来与正面冲撞来的汽车和物体接触。正面撞击时，车内厢会马上脱落向后"逃离"。

2. 本发明的解决办法

车的外壳和内厢是可以分离的，要采用固定措施使其在一般的正常行驶的过程中能够一体。这里采用的最重要的一个原理是销钉配合原理。销钉是由一个销和一个钉组成的，车的内厢和外壳通过销钉来实现契合。当车子向前行驶时，速度越快，销钉配合得越紧，这就保证了车子在向前运动时内厢和外壳不会"散架"。

在倒车的过程中，车体向后运动，销钉会松动一些，但是由于车尾的门的阻挡，车体也不会分离。所以无论向前还是向后，在正常行驶的条件下，人们是不会感觉车子是由两个可分离的部分组成的。

在车头正面有两个高低不同的金属支架，专门用来与正面冲撞来的汽车和物体接触。如果正面冲撞而来的是小轿车，那么起作用的主要是下面的金属支架；而如果撞上的是岩壁或者高大的卡车，那么起作用的主要是上面的金属支架。金属支架就好像一个"传感器"，在受到巨大的冲击力时可以迅速地将这个力传递给车内的销钉，使销钉迅速脱落，车内厢就会马上脱落向后"逃离"。

内厢下面装有可以自由滑动的"小轱辘"，可以加快车厢脱逃。为了保证内厢顺利脱逃，内厢下面设计了三角滑道装置，这个装置实际上就是在内厢下面安了可以自由滑动的"小轱辘"。"小轱辘"滑行轨道的横截面是三角形的，可以使正常行驶的汽车在左右摇晃时内厢不会脱落，起到了良好的固定作用，如果汽车发生剧烈的碰撞就可以利用滑道的原理更好地传递箱体，使其向后滑动更顺畅。

车尾后门的设计利用了弹簧保险装置，当内厢受到冲击力向后滑动的时候，内厢向后的撞击力大于后门弹簧的闭合力，后门就自动弹开，内厢就毫无阻碍地脱落下来，如图 6-3 所示。而在一般的正常行驶中，由于有弹簧保险装置，内厢是绝对不会脱落的。

(a)　　　　　　　　　　　　(b)

图 6-3　安全逃生的机械装置遇险逃生过程

(a) 汽车安全逃离装置的结构示意图；(b) 汽车安全逃离装置的遇险逃生过程示意图

汽车的外壳部分包括原本的汽车发动机和大梁，汽车的内厢主要包括能够固定人乘坐的座椅，这两排或者更多的座椅群是内厢的"底座"。这种内厢的设计是封闭式的，将所有的人都保护在"盒子"里，更好地保护了人的安全。同时，内厢与外壳上都有门窗，并且是双层重叠设计，能够更好地起到保温的作用，以达到节省油耗的目的。考虑到与车前发动机等联动的方向盘和刹车、油门、离合等装置，内厢的最前面采用开放式设计。

点评：汽车安全逃离装置就像一个火柴盒，在产生撞击时会自动脱落。汽车安全逃离装置将一部普通的车分成了内厢和外壳两个可完全分离的部分。它就像一个可以抽出小抽屉的火柴盒，当汽车受到前方的撞击时，内厢会自动与外壳分离，向车尾后退至完全脱落，在发生车祸时可以达到"金蝉脱壳"，安全逃离的目的。

6.5.2　专利作品实例2：一种鱼脊式逃生舱

1. 选题背景

众所周知，海底隧道的建设与发展对人类社会的发展有着重要的意义。它有利于人们更好地对海洋能源的开发，有利于发展全球化经济。而且隧道结构在很多方面都有应用，比如江底隧道、公路隧道、铁路隧道等。

公路隧道的应用也很广泛，很多公路和高速路上都能见到隧道。铁路隧道一般只有一条轨道，隧道空间狭窄，如果发生意外情况，隧道内部无法逃生。

以武汉长江隧道为例，其管径有11米左右高，上面2/3行车，下面预留着1/3的空间作为逃生道，如图6-4所示。人可将隧道两侧的逃生门打开，滑到逃生道，在江中圆形盾构隧道段中采取的是纵向逃生法。这种向下逃生的方法，如果透水的话人是逃不出去的，因为人逃跑的速度比不过透水的速度。

图6-4　隧道内逃生示意

也有的一些其他的逃生方法，但目前主要还是采用向下进入逃生通道逃生的方式。

在水底隧道中最容易发生的事故是车难、火灾，后果最严重的事故是透水塌方。如果采用现有的技术很难做到快速安全逃生，在发生透水事故时向下逃生更无异于自杀。

而且隧道都采用圆形结构，上方的受力全部聚集在圆的顶部，压力过大会造成顶部的过压变形，最终导致塌方。如何实现在地底隧道快速安全地逃生，也成了一个世界性难题。

2. 方案设计

针对上述隧道存在的逃生方式的不足及隧道圆形结构存在受力支撑不够科学的问题，我们提出了横向逃生的概念。

（1）方案一。

本实用新型提出一种用于在海底隧道运行过程中出现异常事故后拯救遇险人员的紧急逃生舱。该逃生舱的设置将有利于突破现有隧道建设的固化模式，进一步提高海底隧道的安全性。

在两条相邻隧道之间每隔一定合适的距离设计一个逃生舱，如图6-5所示。其中，逃生舱由螺旋门、救生梯、人造生存空间、通信装置等构成。

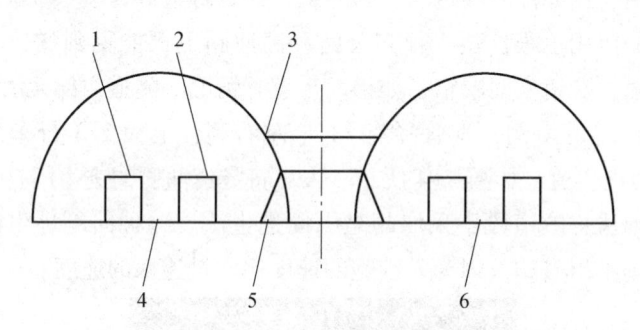

1、2—海底隧道；3—逃生舱；4—隧道外壳；5—救生梯；6—螺旋门。

图6-5　海底隧道紧急逃生舱示意

当出现紧急事故时，逃生舱螺旋门6开启，救生梯5放下，求救人员进入舱内，随后救生梯5收回，螺旋门6关闭，人员处于舱内的人造生存空间。舱内设置有淡水、空气再生装置、应急食品、保暖服、照明和通信装置等，人可以在此舱内生存一段时间，并有充足的时间通过通信装置向控制中心发出求救信号。控制中心收到信号后，立即派出舰艇或潜艇实施救援行动，定位并寻找鱼脊式海底隧道逃生舱，最后将其吊出海面，最终实现对受险人员的安全救援。

(2) 方案二。

一种鱼脊式安全逃生舱，其结构分布示意图如图 6-6 所示。在江底（海底、河底、湖底）设有主隧道 1，它和支隧道 2 通过通道 5 相连。为了安全，特别设置有排水沟 3、电缆沟 4、通气管道 6、解决废气的排气舱 7，以及用于隧道内照明的线路 8，还有照明灯具 9、遇险逃生的通道中的台阶 10、用于监控隧道实情的摄像头及温控传感器 11。通气管道的结构示意图如图 6-7 所示。

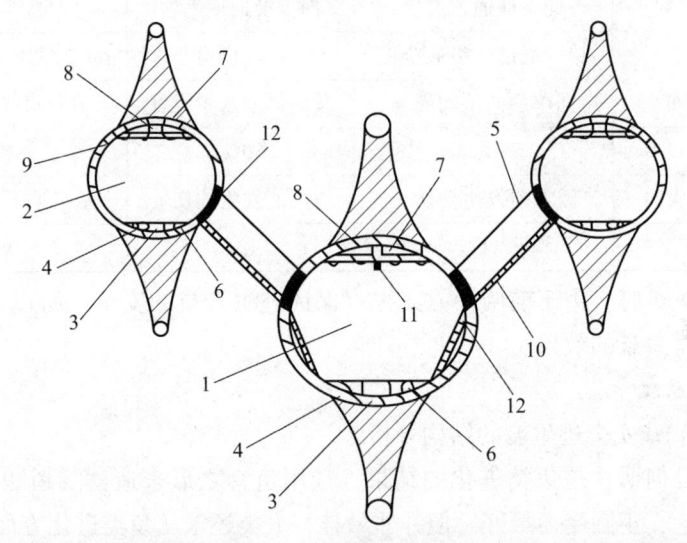

1—主隧道；2—支隧道（逃生舱）；3—排水沟；4—电缆沟；5—通道；6—通气管道；
7—排气舱；8—照明线路；9—照明灯具；10—水泥台阶；11—摄像头和传感器；12—密封舱门。

图 6-6 一种鱼脊式安全逃生舱的结构分布示意

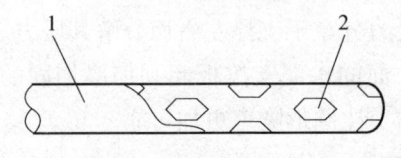

1—通气管；2—出气孔。

图 6-7 一种鱼脊式安全逃生舱的通气管道的结构示意

当隧道遇险（如地震）漏水时，水会从隧道的下方从下至上"行走"。这时机动车中的人员会逃出车辆从水泥台阶向上逃生。

舱内设置有淡水、空气再生装置、应急食品、保暖服、照明和通信装置等，还有灭火消防设备，以及消防用具用品、医疗救生用具和药品。通过摄像头、传感器对隧道实行 24 小时不间断监控值班，并与公安、消防、市政联动，形成一条安全保障系统，达到统一管理、调配、控制，保证隧道通行的安全使用。

(3)方案比较。

原有方案和方案一、方案二的比较如表 6-2 所示。

表 6-2　原有方案和方案一、方案二的比较

项目	原有方案	方案一	方案二
逃生方向	向下，纵向，水平	向上，横向，水平	斜向上
逃生形式	向下从通道逃生	向上换通道逃生	逃生舱避难
逃生路线	单一通道，贯通全程	阶段横道	双向逃生舱
安全门分布	单向单层向下间隔分布	单向单层水平设置	单向双层成45°倾角
透水时逃生概率	无	50%	98%以上
发生大型火灾时	可能发生灼伤	可能发生灼伤	基本上不会发生灼伤
成本比	1	1.1	1.15

在发生灾难时，由于前两种方案很难保证逃生人员的安全，所以方案二最佳，可以到达安全避难的效果。

3. 设计原理

(1)鱼脊式安全逃生舱的结构分析。

鱼脊式几何形状是鱼类进化的结果，选用鱼脊之形来造就隧道也就是最佳选择。在力学上，正圆受力最好，但并非最佳，人类还未从鱼类进化方面索取灵感。

①从力学结构而言，圆是最佳受力结构，但圆的大小是由直径决定的。当圆的直径大于3米时，圆的上端受力随着圆的直径增大而降低，如图6-8所示。

②当采用鱼脊式建筑结构时，受力面会随之发生改变。当来自上端的压力增大时，鱼脊式支撑会将受力分布于支撑左右而分解其压力。

③鱼脊式对圆顶受力面的水泥支撑板起到加厚加固的双重作用，从而降低了隧道受损的风险，在受力上比圆形隧道更加可靠。

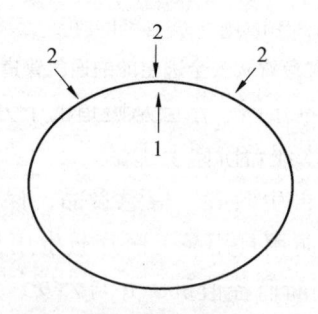

1—支撑力；2—静压力。

图 6-8　圆形结构隧道的受力示意

(2) 安全门的设计及安装。

安全门的设计是本项目的一个重点,安全门要达到密封的效果,有效防止透水和火灾的影响。我们采用的是上下两道安全门的"双保险",这样可以更有效地保证逃生人员的安全。

设计时借鉴了太空舱门、潜水艇舱门及消毒密封门等,提出以下两种方案。

方案一:借鉴太空门和潜艇门,运用螺纹密封,如图6-9所示。

图 6-9　一种鱼脊式安全逃生舱的螺旋密封门的结构示意

方案二:借鉴医院消毒门,运用杠杆原理,如图6-10所示。

图 6-10　一种鱼脊式安全逃生舱支杆式密封门的示意

两种方案的比较如表6-3所示。

表6-3 安全门两种方案的比较

项目	方案一	方案二
运用原理	螺纹密封	挤压密封
密封性能	良好	良好
抗压能力	良好	较差
开关速度	缓慢	迅速
开关时用力	省力	省力
加工成本	较贵	较便宜
防水能力	螺纹360°密封,受力均匀,能将水密封在舱外	当水压过大时可能会出现渗水现象

续表

项目	方案一	方案二
防火能力	上下两道门能隔离火灾，热变形会使门关闭得更紧	密封橡胶圈可能烧坏，密封性能下降
备注	现有潜水艇舱门和太空门都采用此结构，安全可靠	支杆受力弱，易破坏

通过以上比较，综合考虑，选用方案一。

安全门的设计采用螺纹密封，整体的设计布局如图 6-11 所示。

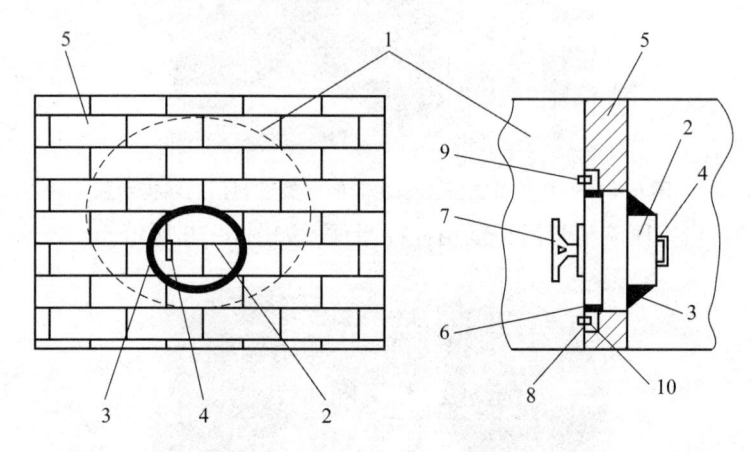

1—支隧道（逃生舱）；2—安全门（密封门）；3—密封圈；4—门拉手；5—墙壁；
6—旋进螺纹；7—操纵手轮；8—门框；9—水泵开关；10—信号灯。

图 6-11　一种鱼脊式安全逃生舱的逃生门的结构示意

（3）逃生梯的设计。

逃生梯的设计主要考虑逃生人员的快速逃离和空间的利用，我们采用以下两种方案。

方案一如图 6-12 所示。此方案的主要特点是斜向折叠，梯子在不使用时折叠靠着墙壁，可以节省空间，而且结构简单，受力合理，在遇到特殊情况时可以及时打开使用，为遇险人员的快速逃生提供便利。

图 6-12　方案一逃生梯折叠和打开后的效果图

方案二如图6-13所示。此方案的特点是可折叠，节约空间，而且也方便人员的逃生；不足为折叠时不方便打开，如果遇到折叠点卡死，对逃生会有一定的影响。

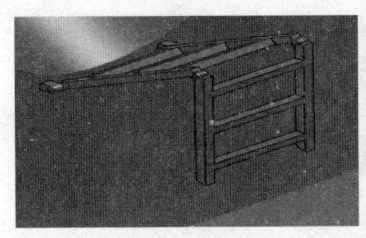

图6-13　方案二逃生梯折叠和展开后的效果图

综上所述，采用第一种方案。

4. 设计创新点及应用前景

（1）鱼脊式逃生舱的创新点。

①本发明采用鱼脊结构，结构合理，通过脊背转化正中压力，是创新的难得之处。采用向上逃生的方式，加大了逃生的安全性和可靠性，为人们建造更好、更安全、更合理、更价廉、更实用的建筑作品找到了一条径道。鱼脊式逃生舱不但是工程力学结构的创新，同时也是人类仿生学领域发明作品中的代表。

②本发明的设计创新点源于机械原理中的螺栓配合原理，螺栓与螺母的配合（逃生舱门与逃生舱门框的配合）具有结构严紧、受力均衡、自锁性好的优点，可广泛运用于封水、封气、连接和紧固，还可以利用螺纹旋转递进开启密封门（潜艇、飞船太空舱）等技术领域。因此，它具有结构牢固、成本低廉、操作方便、维护较少的优点。

③舱内采用管道集中供氧，舱内地板也有供氧板，保证逃生人员的安全。逃生舱内有有线电话、电视，逃生人员可通过有线电话、电视与外界联系。舱内设置有生活必需品，如饮用水、食品、桌椅、药品、五金工具等。

（2）鱼脊式逃生舱的应用前景及二次开发

①本发明的方案也适合煤矿、铜矿、铁矿的生产安全配套，为矿山生产、公路和铁路隧道建设和使用开辟了一套新技术方案。

②当发生战争时，逃生舱可作为人防工事；银行金库也可采用此方案作为备用金库。

③本发明鱼脊式结构也可用于深海输油管道，这样可以降低管道的受压，保证输油管道的安全。

④本发明的鱼脊结构逃生舱也可以做成漂浮舱，与主管道连接，漂浮在海底，

当发生险情时方便救援人进入逃生舱，利用潜水艇与逃生舱救出被困人员；也可以直接把逃生舱与连接管道分离，使逃生舱漂浮在海面上，利用 GPS 定位系统打捞逃生舱。

点评：鱼脊式逃生舱是在水底隧道的基础上增加逃生舱，在紧急事故发生时，给人们提供一个紧急避难的地方，安全等待救援人员。该逃生舱运用仿生学原理将逃生舱和隧道都改成鱼脊式，逃生舱通过管道连接在隧道上，并配以螺旋门、通信天线、照明及供氧保温等装置，为救援人员提供了更多时间。

★链　接

上海长江隧道设计了 8 个逃生连接通道

2009 年 10 月，上海长江隧桥工程建成通车。该工程耗时 5 年建成，取得了 60 多项具有中国自主知识产权的核心技术和成果。直径达 15.43 米的长江隧道，是当时世界最大直径隧道。

上海长江隧道是按双向六车道高速公路标准设计，并预留 4.15 米×3.7 米轨道交通空间，设计行车速度为每小时 80 千米，车道净宽为 12.5 米，通行净高为 5.2 米，单项三车道中间一个车道的净通行净高不小于 5.5 米，汽车荷载为公路一级，路面采用阻燃改性沥青混合料，抗震设防烈度为 7 级，隧道结构设计使用年限 100 年。

上海城建集团隧道设计院在设计上海长江隧道时，建立隧道内综合人防+机防的防灾系统，由有水消防系统、火灾报警系统、交通监控系统、事故通风和排烟系统、人员逃生疏散设施和建筑防火组成。

火灾时，人员疏散采用连接通道+楼梯疏散智能疏散设计，隧道内设计了 8 个逃生连接通道，54 个逃生楼梯，可根据中控室统一指挥疏散，智能型双向箭头逃生指示标志，通过控制在烟雾和低照度的环境下，绿色指示标志能指示逃生最佳方向。逃生通道门框上，采用一组发出绿光的 LED 灯，开启后比较醒目，能让逃生人员快速辨认出逃生通道，由逃生通道门进入逃生连接通道，可迅速撤离到另一条隧道内。

逃生人员还可以自行开启疏散门，逃生疏散门长 2.7 米，宽 1.05 米，设置在道路一侧。450 千克的铸铁疏散门设计了打开机械锁紧机构，只要旋转拉手，普通人都能旋转把手打开。

6.5.3 专利作品实例3：一种不倒翁汽车座椅

1. 技术领域

本实用新型属于汽车附件技术领域，特别涉及一种不倒翁汽车座椅。

2. 背景技术

汽车在行驶过程中转弯时会产生离心力，乘客因此会产生恐惧感和不安全感，如遇紧急刹车还会产生乘客相互碰撞等意外事故。

3. 发明内容

针对上述问题，本实用新型提出解决的办法。本实用新型灵感来自玩具不倒翁。无论重心偏移多少，其中心不变。

4. 机械结构

本实用新型"一种不倒翁汽车座椅"采用不倒翁原理，将离心力转移、转化而消力，将汽车座椅设计为"不倒翁"式，如图6-14所示。

5. 工作原理

汽车行驶中因颠簸会产生上下、左右摇晃而使乘坐者不舒服，为此借用不倒翁原理将汽车座椅设计为不倒翁的结构。当汽车行驶中因颠簸而上下、左右摇晃时，滚动万向钢球的座椅会随之产生同方向位移而消除上下、左右的摇晃，从而保持中心位基本不变。

本实用新型"一种不倒翁汽车座椅"下方与碗状凸形座椅底座之间有若干个连接金属压簧控制，并由滚动万向钢球滚动消除汽车转弯时产生的离心力，做到汽车动，汽车座椅及人不动。

6. 有益效果

本实用新型借鉴不倒翁原理，将汽车行驶、转弯中产生的上下颠簸、左右摇晃和离心力、向心力转移、转化而消力，结构简单，构思合理，安全可靠，制造方便，可供各种移动运输车辆、舰船、飞行器使用，为消除行驶中的颠簸和不适提供了技术保证。

7. 具体实施方式

各零件的结构、位置、上下关系依图中标号可实现安装、制造的全过程，还可依据产品的说明书及安装方法、图解完成。

(a)　　　　　　　　　　　　　　(b)

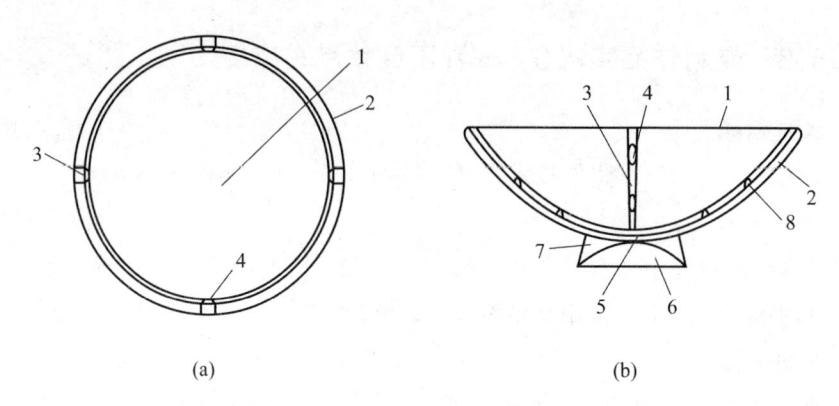

1—汽车座椅；2—头枕；3—安全带；4—汽车内置地面；5—碗状凸形座椅底座；6—滚动万向钢球；7—碗状凹形座椅底座；8—连接金属压簧（汽车座椅与碗状凸形座椅底座之间）。

图 6-14　一种不倒翁汽车座椅

（a）结构示意图的对比图；（b）零部件结构示意图

点评：本实用新型借鉴"不倒翁"原理，将汽车行驶、转弯中产生的离心力、向心力转移，做到汽车动、汽车座椅及人不动。

6.5.4　专利作品实例4：一种铸件板与燕尾状榫销的组装方法

1. 技术领域

本专利属于金属材料拼接方式技术领域，特别涉及一种铸件板与燕尾状榫销的组装方法。

2. 背景技术

铸件的用途非常广泛，已运用到五金及整个机械电子行业，而且呈现不断扩大的趋势。铸件是用各种铸造方法获得的金属成型物件，即把冶炼好的液态金属，用浇注、压射、吸入或其他浇铸方法注入预先准备好的铸型中，冷却后经落砂、清理和后处理等，所得到的具有一定形状、尺寸和性能的物件。由于生产工艺的影响，常常会出现铸件有质量缺陷而影响了铸件之间的连接，尤其是高精度加工铸件。目前，铸件的连接主要通过螺栓或焊接，螺栓连接较为麻烦且受铸件质量影响，焊接需要专业人员且由于高温影响了铸件的性能。鉴于此，有必要找到一种更好的组装连接方法，以增加现有的连接方法数量，在满足使用功能的同时，使组装连接更容易，适用于各种尺寸，又能够降低成本。

3. 发明内容

为了克服现有铸件连接方法少、连接过程较麻烦和受加工工艺影响的问题，本专利提供了一种燕尾榫销与铸件板相结合的组装拼接结构,来实现增加铸件板与铸件板之间的连接方法和组装连接方便的目的。

4. 技术方案

(1) 一种铸件板与燕尾状榫销的组装方法如图 6-15 所示,是在现有的金属铸件连接处设置燕尾卯孔槽 3,待组装连接处的卯孔形状、大小、规格一致。

(2) 设计一种与卯槽规格匹配拼接的燕尾状榫销 1,用以连接相邻的铸件。

(3) 榫销 1 的上下两个燕尾形面可面积不等,也可上下两面相同,铸件连接处的卯孔槽 3 规格与燕尾榫销相对应。

(4) 铸件板与铸件板的连接方式为:相邻的铸件板 2 紧靠,之间卯孔对齐摆放形成对称的燕尾状卯孔槽,与之大小匹配的榫销 1 卡入卯孔槽 3 形成燕尾卯榫拼接连接。铸件以此种方式拼接连接形成一个整体结构。

(5) 一种铸件板与燕尾状榫销的组装方法是在无须使用螺栓连接和焊接的情况下,通过燕尾榫销和铸件板间契合产生的作用力,使得拼接组装在一起的铸件结合牢固,不容易在外力作用下产生移动。

5. 有益效果

构思新颖、结构简单、方便实用、降低施工费用,在不影响铸件正常使用的同时,实现铸件的组装连接便捷,还能适用于各种大小和形状的铸件连接组装。

6. 具体实施方式

图 6-15 (a) 中,铸件板 2 连接处有通孔卯孔槽 3,卯孔槽 3 为上下通孔相等的燕尾状,燕尾形榫销 1 材质可与铸件相同,也可为其他金属,其大小与卯孔槽 3 一致。组装连接时,相邻铸件板 2 的卯孔 3 对齐摆放形成对称的组装连接燕尾卯孔,榫销 1 卡入对齐摆放的卯孔槽 3 中,形成类似燕尾卯榫拼接连接。所有铸件板 2 之间均以此种方式组装连接形成一个整体结构。铸件之间无须螺栓连接和焊接,依靠榫销 1 在铸件卯孔槽 3 中连接契合,形成与铸件板 2 的接触面作用力,实现牢固连接。该实施例适用于榫销下部有支撑物、铸件卯孔槽 3 上下通孔相等对连接无影响的情况。

图 6-15 (b) 中,铸件板 2 连接处有未通孔卯孔槽 3,卯孔槽 3 上下燕尾状相等。该实施例适用于榫销下部无其他支撑物、铸件卯孔槽 3 若通孔会造成榫销滑出的情况。

图 6-15 (c) 至图 6-15 (i) 中,榫销 1 上下燕尾状表面积不等,铸件连接处有通孔卯孔槽 3,卯孔槽 3 规格与榫销一致。组装连接时,较大燕尾状表面朝上,从上向下垂直嵌入卯孔槽。该实施例适用于铸件卯孔槽须通孔而孔下部无法支撑

榫销的情况，设计成上下面不等形式可避免通孔造成的榫销垂直滑移。

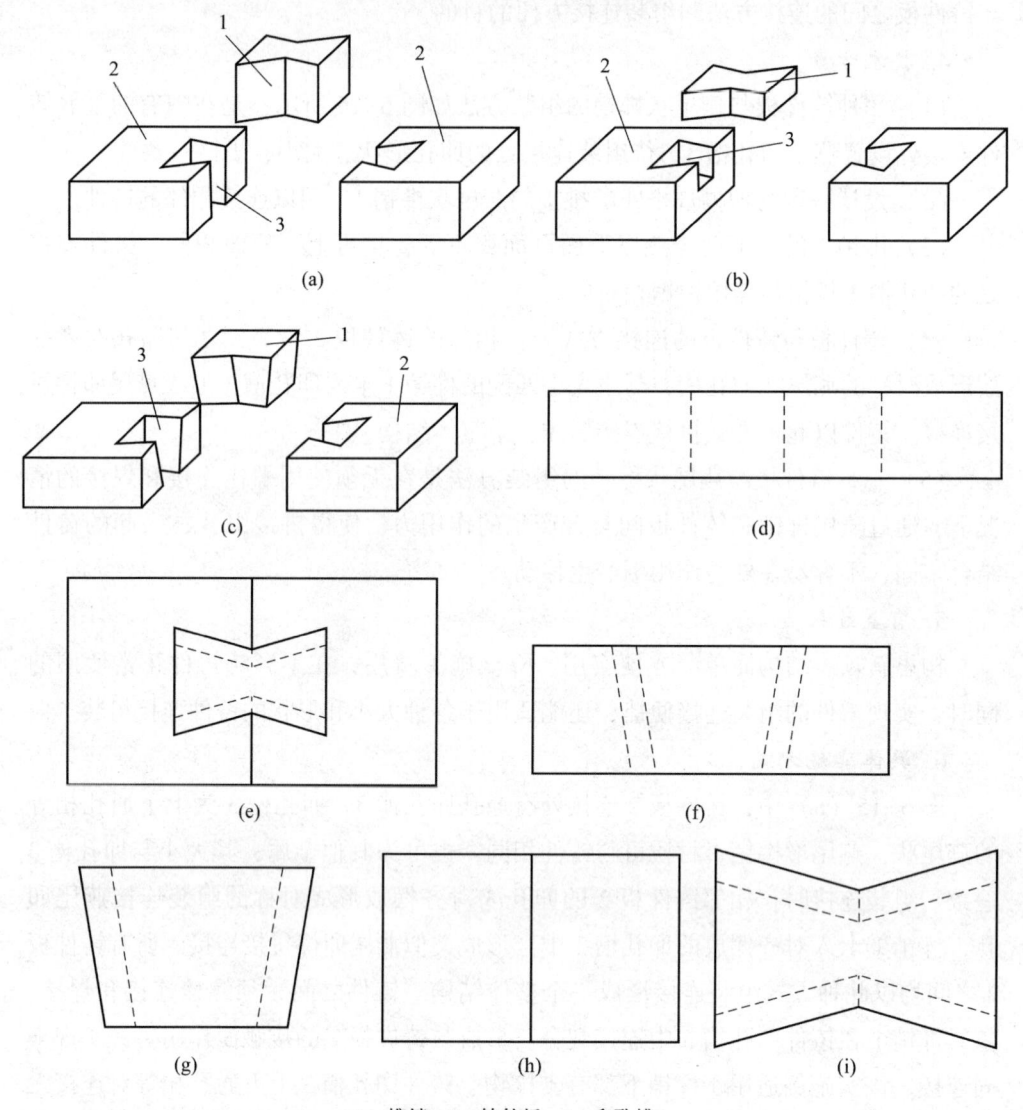

1—榫销；2—铸件板；3—卯孔槽。

图6-15 一种铸件板与燕尾状榫销的组装方法

（a）榫销组装连接通孔卯孔槽铸件结构示意图；（b）榫销组装连接未通孔卯孔槽铸件结构示意图；（c）上下面不等榫销组装连接通孔卯孔槽结构示意图；（d）上下面不等榫销组装连接铸件成整体正视图；（e）上下面不等榫销组装连接铸件整体俯视图；（f）上下面不等榫销组装连接铸件整体侧视图；（g）上下面不等榫销侧视图；（h）上下面不等榫销主视图；（i）上下面不等榫销俯视图

第6章 专 利

★ 链 接

燕尾榫的概念及由来

将两块平板直角相接,为防止其受拉力时脱开,将榫头做成梯台形,故名

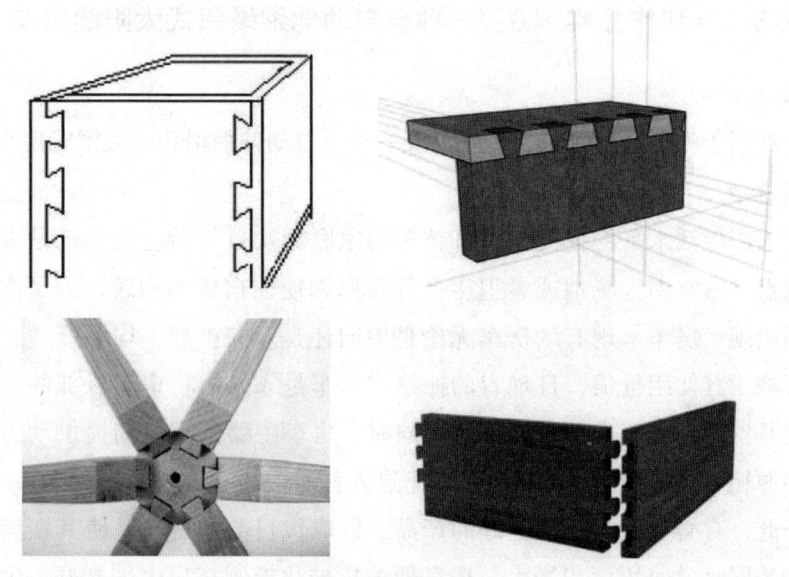

图 6-16 燕尾榫

"燕尾榫",如图 6-16 所示。相传几千年前,鲁班发现雨燕尾的剪刀结构后便萌发了用燕尾相错的方式连接两块木板的想法,鲁班将这一木作结构方式命名为"燕尾结构"。渐渐地,这个充满想象力的燕尾结构流传开来,被天下的木匠广泛使用。无论是大木作的房屋木架上的升斗结构,还是小木作家具中的挂销串销,或是抽屉箱柜的明扣暗扣,都使用了燕尾结构。到了明清,燕尾在家具中更是不可缺少的榫卯连接法。

2013 年 11 月,意大利米兰设计师 Francesco Citterio 把传统的燕尾榫工艺极具创意地运用到现代家具设计当中,不使用胶水和钉子就可以创造出各种造型的家具,就像小孩搭积木一样简单,却又别具一格,如图 6-17 所示。

图 6-17 燕尾榫结构家具

· 153 ·

点评：燕尾榫的连接方式还可以用于其他行业，如工业制品之间的连接及建筑领域配件间的连接。

6.5.5　专利作品实例6：一种全自动伸缩增积式太阳能房车

1. 技术领域

本专利属于汽车技术领域，特别涉及一种全自动伸缩增积式太阳能房车。

2. 背景技术

随着人们生活水平的提高，越来越多的家庭喜欢自驾游，但无论是去野外还是旅游景点，常常因为场地或者卫生条件等原因使住宿成为问题。为了方便，近年来逐渐出现了房车。现有的房车无论是单向还是双向扩展，均不能达到很大的面积，影响了其使用价值，且现有的伸缩式房车是靠人力将房车后部的伸缩舱拉出来，极其费力；房车内部采光不好；同时，房车主要依靠燃油提供动力造成了较大的能源耗费。种种因素均限制了房车进入普通百姓家中。

鉴于此，有必要发明一种更好的产品，以取代目前的房车，使其在满足基本使用功能的同时，使用面积增大，房车伸缩机械化控制，房内采光好，生活起居耗费的能源少。

3. 发明内容

为了克服现有房车可用空间小、房内采光不好、房车伸缩依靠人力推拉和使用时耗费大量能源的问题，本专利提供了一种全自动伸缩控制增积式太阳能房车，来实现全房车车舱自动展开和节约能源的目的。

4. 技术方案

（1）在车厢内设置三个车舱，分别为左车舱、右车舱、后车舱。三个车舱为大中小体积，可相互重叠容纳至车厢内，车舱底部均有钢轮。

（2）车厢左墙板、右墙板、后墙板可从侧边开启，通过支撑杆支撑于地，左墙板、右墙板、后墙板均设置有三角滑道。

（3）拓展方式为：车舱通过伞齿轮与汽车主轴联系，发动机提供动力使齿条带动主轴移动，三个车舱在主轴带动下先后通过底部钢轮沿着三角滑道实现伸缩，车舱的舱门侧开后可通过支撑杆支撑于地面。三个车舱门与车舱通过钢丝绳连接，钢丝绳上安装有百叶帘或者透明塑料板。

（4）电力主要由太阳能提供，在车厢顶和三个车舱顶均安装有太阳能电池板以增大受光面积。太阳能电池板与车内的蓄电池连接,当阴雨天或电力不足时由柴油提供能源,以保证车内电器的用电需求。

(5) 在机械化自动控制车舱伸缩的情况下,通过设计左车舱、右车舱、后车舱和三个车舱门侧开的方式,使面积增大至原有车厢面积的7倍。车舱门与车舱连接的钢丝绳上安装百叶帘或者透明塑料板以利于室内采光和通风,车厢顶和三个车舱顶安装太阳能电池板可大大增加受光面积以保证房内用电需求。

5. 有益效果

构思新颖、结构简单、方便实用,在不影响房车正常行驶的情况下,实现全自动控制伸缩车舱、房车可用空间大大增加、房内采光通风良好,并且合理利用太阳能资源,减少了能源耗费。

6. 具体实施方式

如图6-18 (a) 至图6-18 (e) 所示的实施例中,"一种全自动伸缩增积式太阳能房车"主要由驾驶室1、车厢2、车舱4组成。车厢2的车厢墙板6可侧开,即左墙板、右墙板、后墙板可侧开后通过支撑杆8支撑于地面。车厢墙板6有三角滑道7。车舱4有左车舱41、右车舱42、后车舱43,三个车舱为大中小体积,可相互重叠容纳至车厢2内,三个车舱底部有钢轮10。车舱的车舱门5可侧开并通过钢丝绳9与车舱2连接。车厢2顶部和三个车舱4顶部安装有太阳能电池板3,太阳能电池板3与车内蓄电池相连。车舱4通过伞齿轮和齿条与汽车主轴连接。

如图6-18 (b) 所示,使用时先将左、右、后三个车厢墙板6侧开通过支撑杆8支撑于地面。三个车舱4通过伞齿轮与汽车主轴连接,发动机提供动力使齿条带动主轴移动,三个车舱4在主轴带动下先后通过底部钢轮10沿着车厢墙板6上的三角滑道7伸缩,车舱4的移动为机械控制。

如图6-18 (c) 所示,车舱4伸出完成后,将车舱门5侧开,车舱门5与车舱4通过钢丝绳9连接。车舱门5通过支撑杆8支撑于地面,车舱门5与车舱4连接的钢丝绳9上安装百叶帘或者透明塑料板以利于室内采光和通风。

如图6-18 (e) 所示,车身完全展开后面积增大至原车厢面积的7倍。车厢2顶部和三个车舱4顶部安装有太阳能电池板3,大大增加了受光面积,增加了发电量。

技术创新理论与实践

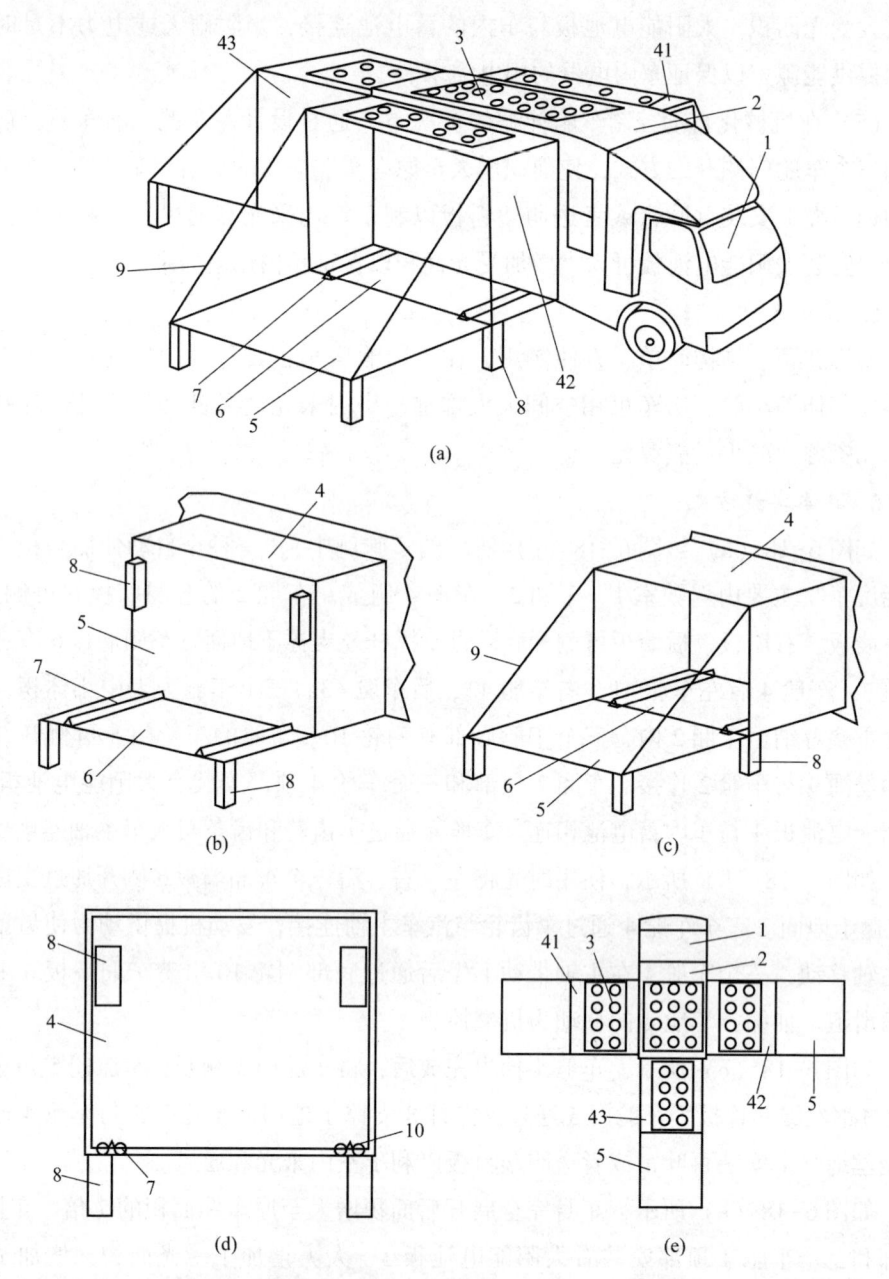

1—驾驶室；2—车厢；3—太阳能电池板；4—车舱；5—车舱门；6—车厢墙板；7—三角滑道；
8—支撑杆；9—钢丝绳；10—钢轮；41—左车舱；42—右车舱；43—后车舱。

图6-18 一种全自动伸缩增积式太阳能房车

（a）车身展开的结构示意图；（b）单个车舱伸出时的结构示意图；
（c）单个车舱完全伸展的结构示意图；（d）单个车舱正视图；（e）完全展开后的俯视图

点评： "一种全自动伸缩增积式太阳能房车"的发明解决了人们出行在外生活不便、生活空间小的问题，但仍然存在许多不足之处，如外观造型不够好看，缺少利用空间面积的设施，防抢、防盗、防伤害附件设计不足等。

★链 接

自行车就能拖走的超轻两栖房车 Taku Tanku

纽约的设计公司 Stereotank 联合日本设计师，在 2014 年日本琦玉县举行的"小房子"比赛，推出了一款名为 Taku Tanku 的微型房车。它由两个 3 立方米的储水箱改制而成，成品房车车内面积有 9 平方米，可容纳 2~3 人，配备太阳能供电的 LED 灯和换气风扇，顶部及侧面均有天窗和换气孔。

由于储水箱是塑料质地，重量轻能浮水，用单车、小艇均可拖动，可以水陆两栖。内部空间足够大，可容纳一张床及书桌。唯一遗憾的是不配备有卫生间。

本章小结

本章列举了部分专利申请说明书，以及申请专利的要求和应注意的事项。专利是技术从业者的梦想，也是一个人通过技术获利的合法行为。同时，专利也是衡量一个人是否拥有创新能力的试金石。

思考题

1. 什么是专利？
2. 专利号的含义是什么？
3. 申请专利有什么好处？
4. 什么发明可以申请专利？
5. 申请专利应注意哪些问题？

参 考 文 献

[1] 张慧，贡力，刘径堂. 鱼腹式箱梁横向受力的数值分析 [J]. 城市道桥与防洪，2007（1）：26-30+17.
[2] 孙恒，陈作模，葛文杰. 机械原理 [M]. 7版. 北京：高等教育出版社，2006.
[3] 濮良贵，纪名刚. 机械设计 [M]. 北京：高等教育出版社，2006.
[4] 赵罘，龚堰珏，张云杰. Solidworks 2009从入门到精通 [M]. 北京：科学出版社，2009.
[5] 刘佳宇，谭湘强，李芳. 鱼形微机器人推进的力学分析 [J]. 华东理工大学学报，2004（3）：358-360.
[6] 崔伟，方红霞，滕玉英，等. 发明创造的秘密 [M]. 南京：东南大学出版社，2017.